Princesse et contes de fÈes de

Livre de coloriage Jumbo

Coloring Pages for Kids

Coloring Pages for Kids
An imprint of Ciparum LLC

Princesse et contes de fÈes de livre de coloriage Jumbo
© 2017 Ciparum LLC
All rights reserved.
ISBN-10:1-63589-521-9
ISBN-13:978-1-63589-521-6

Coloring Pages for Kids

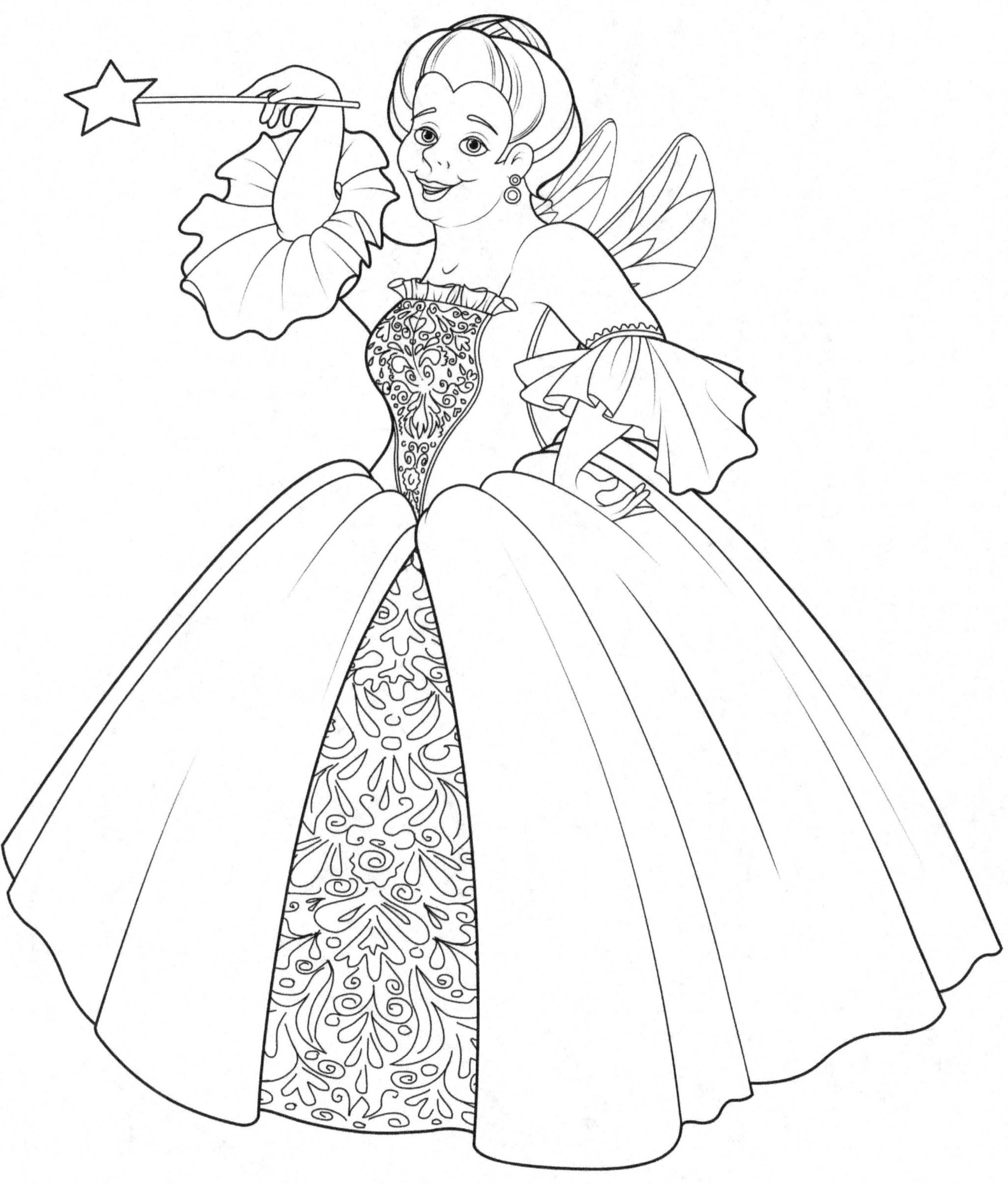

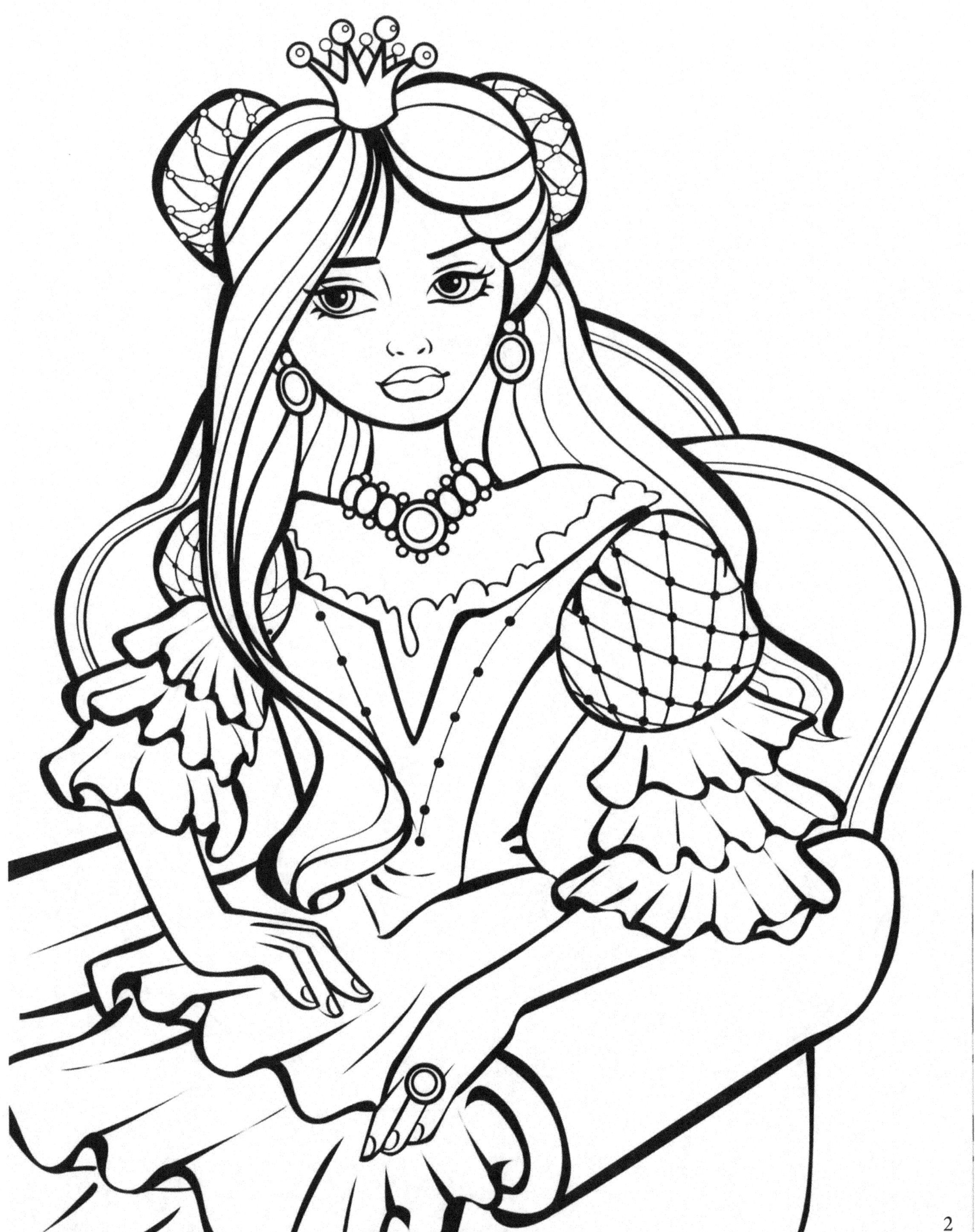

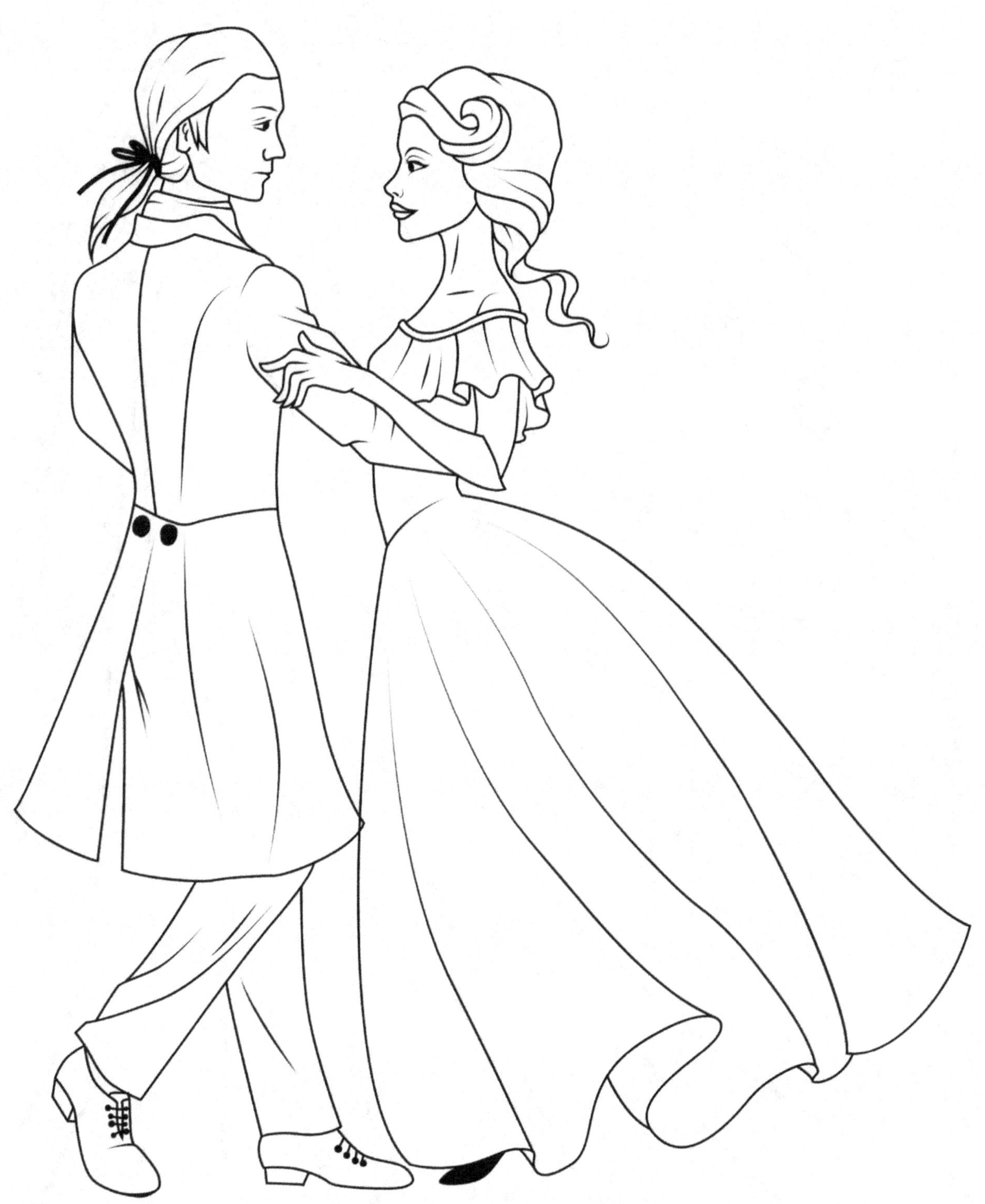

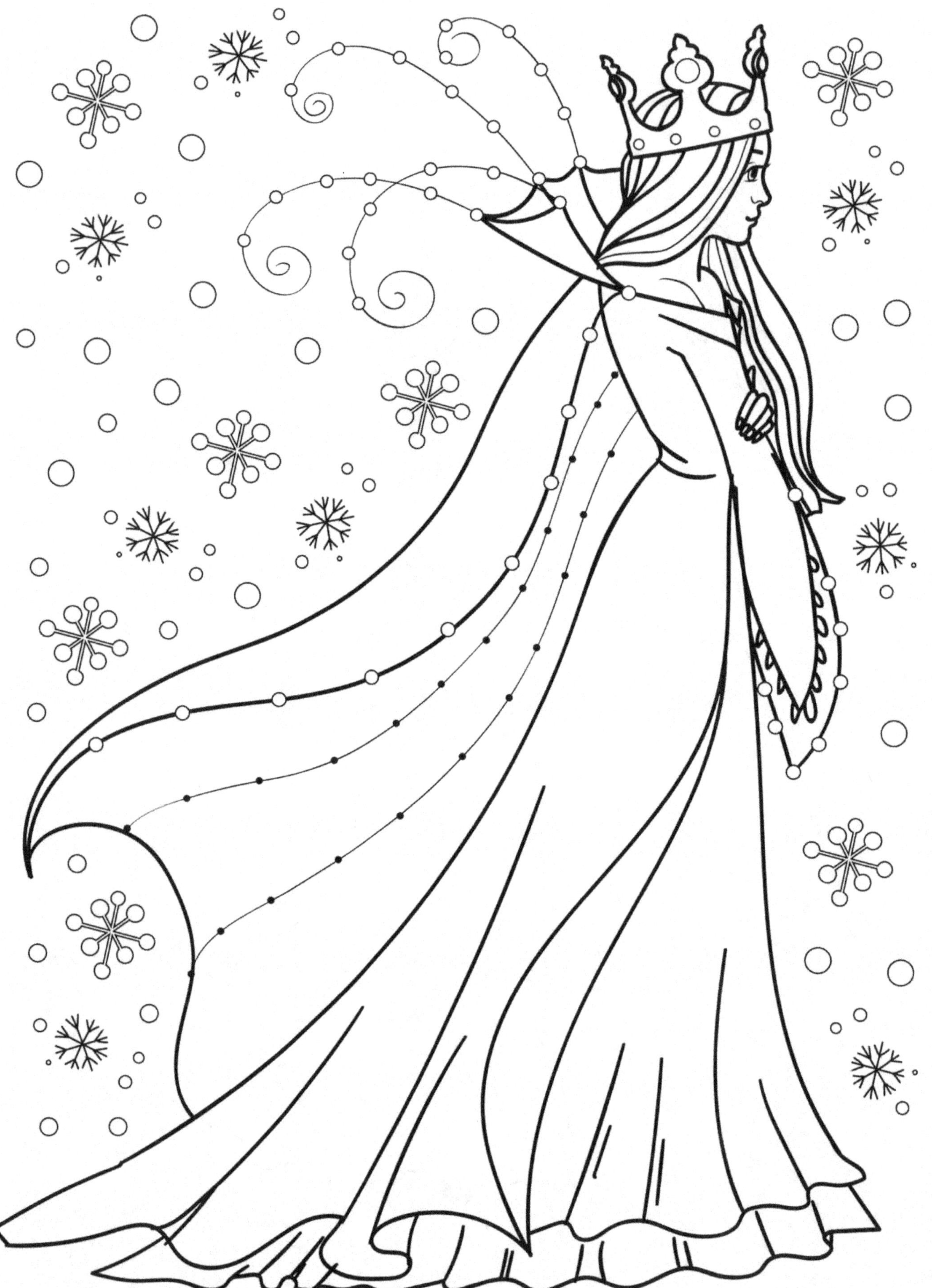

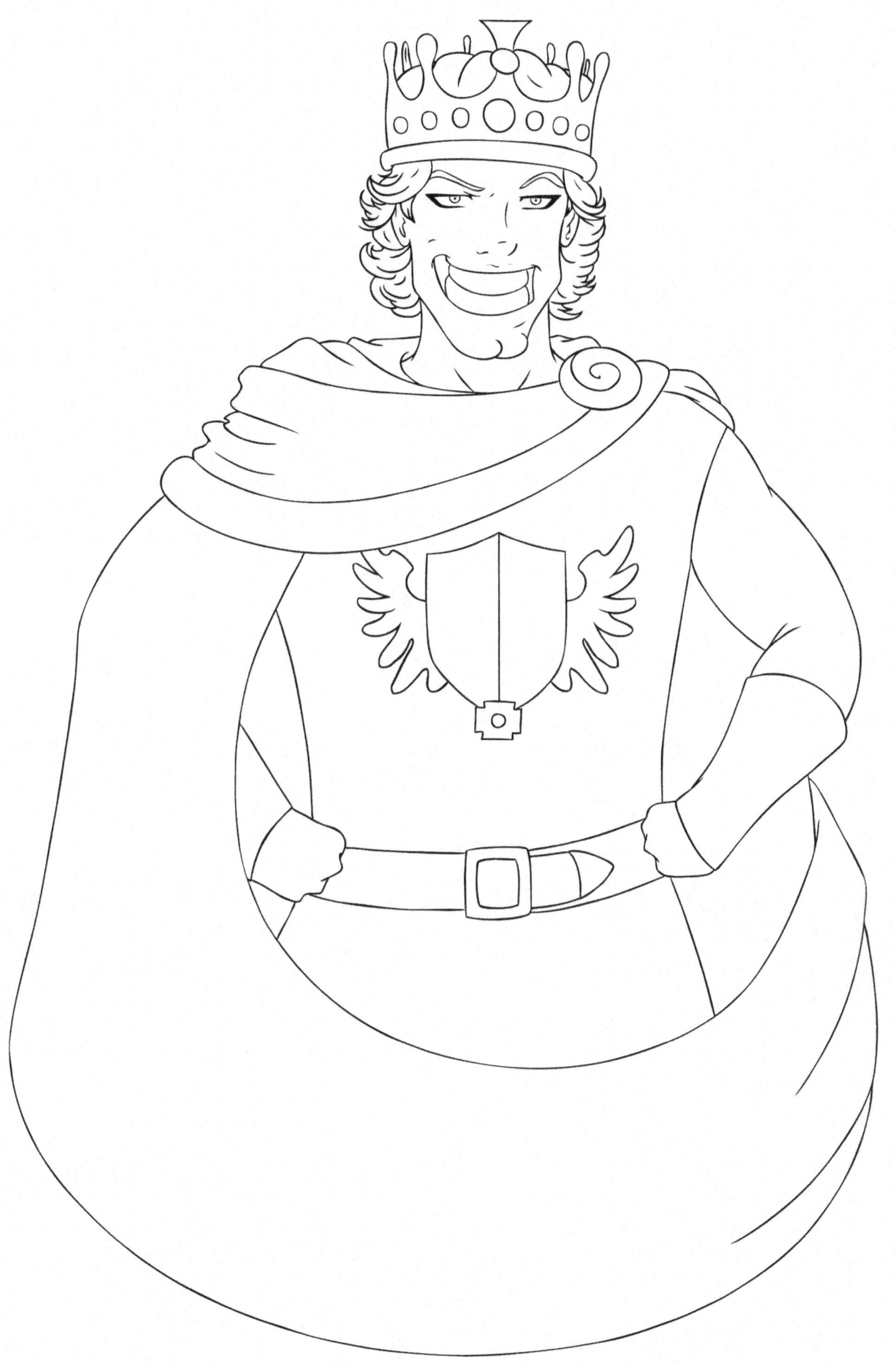

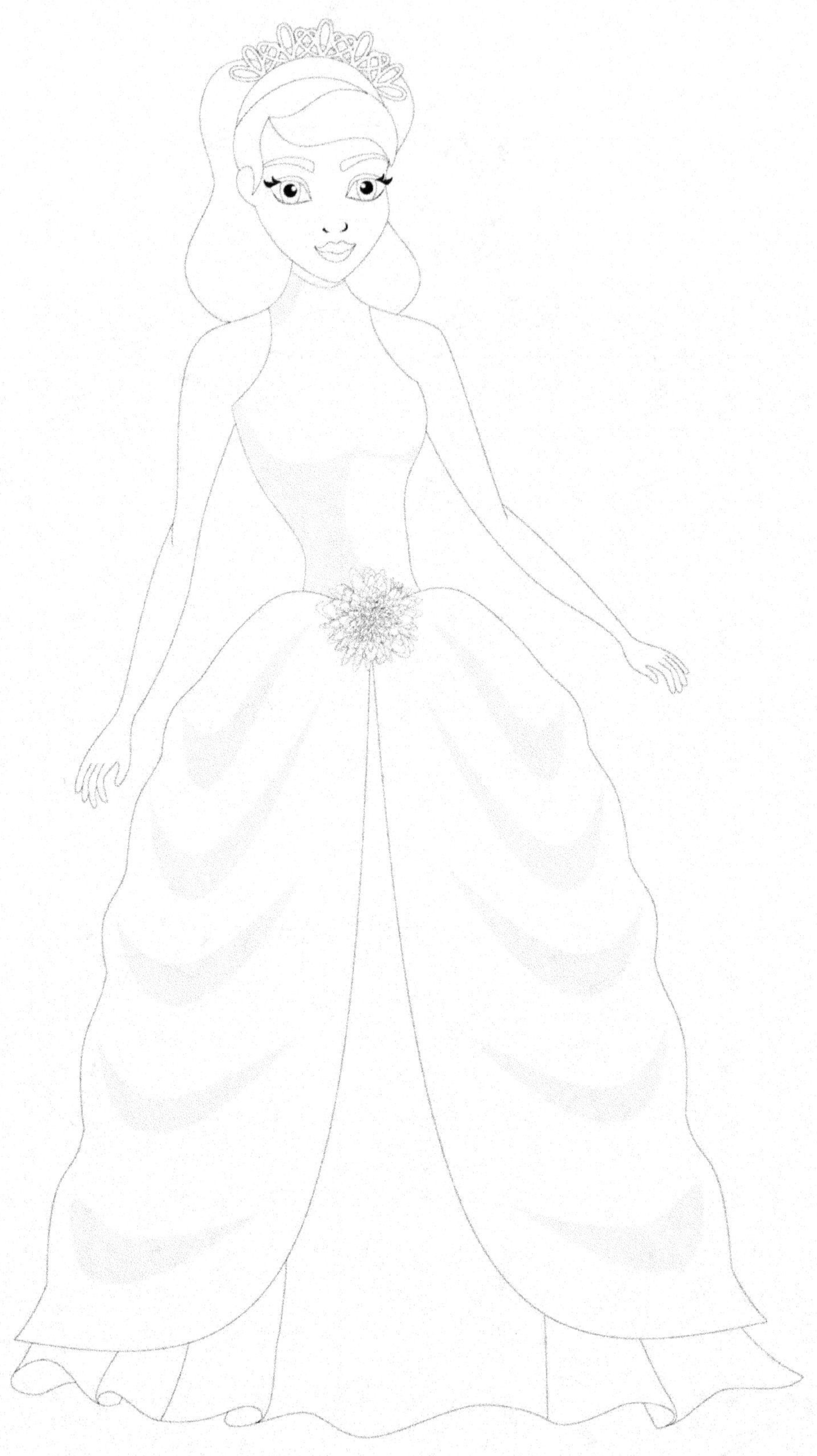

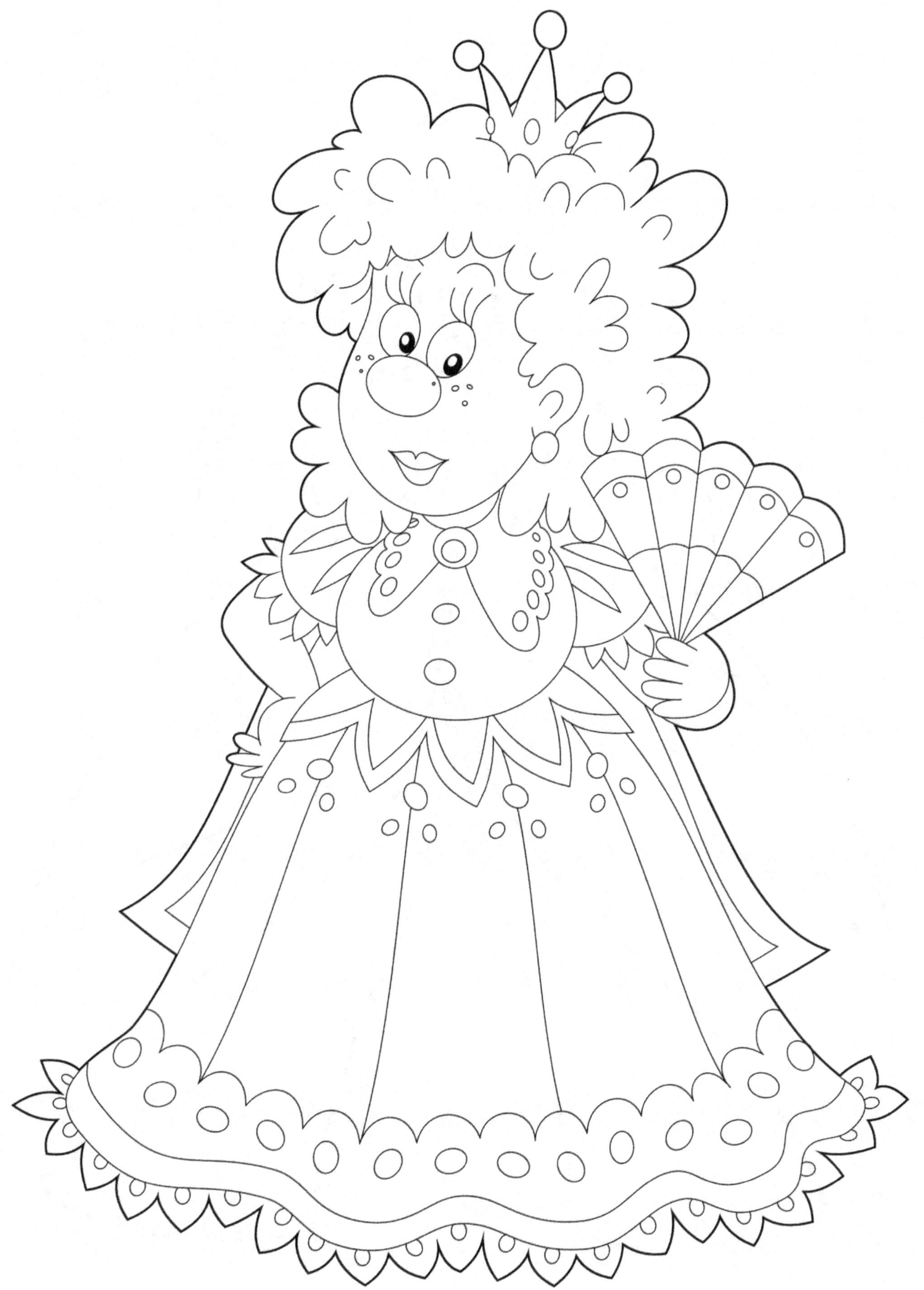

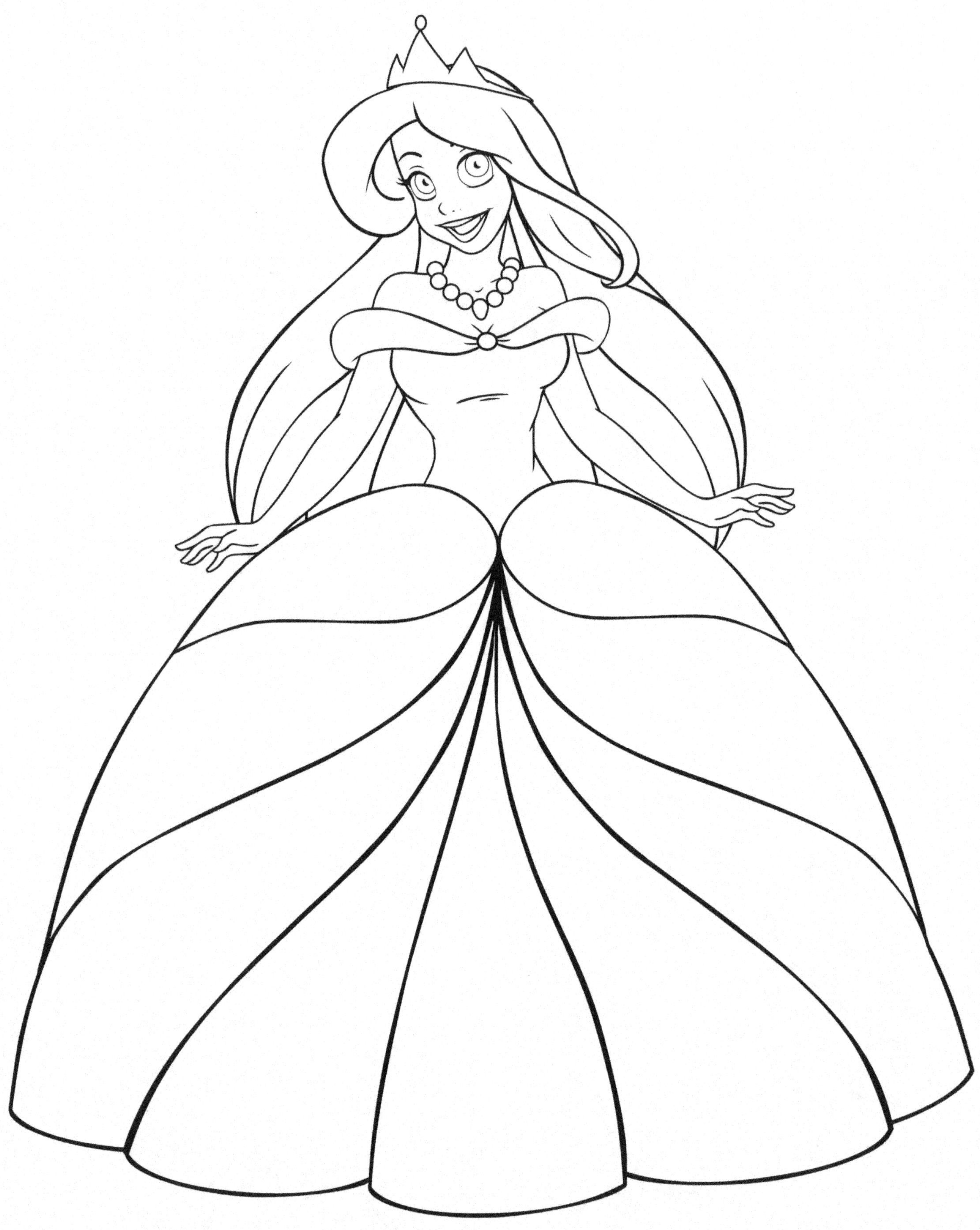

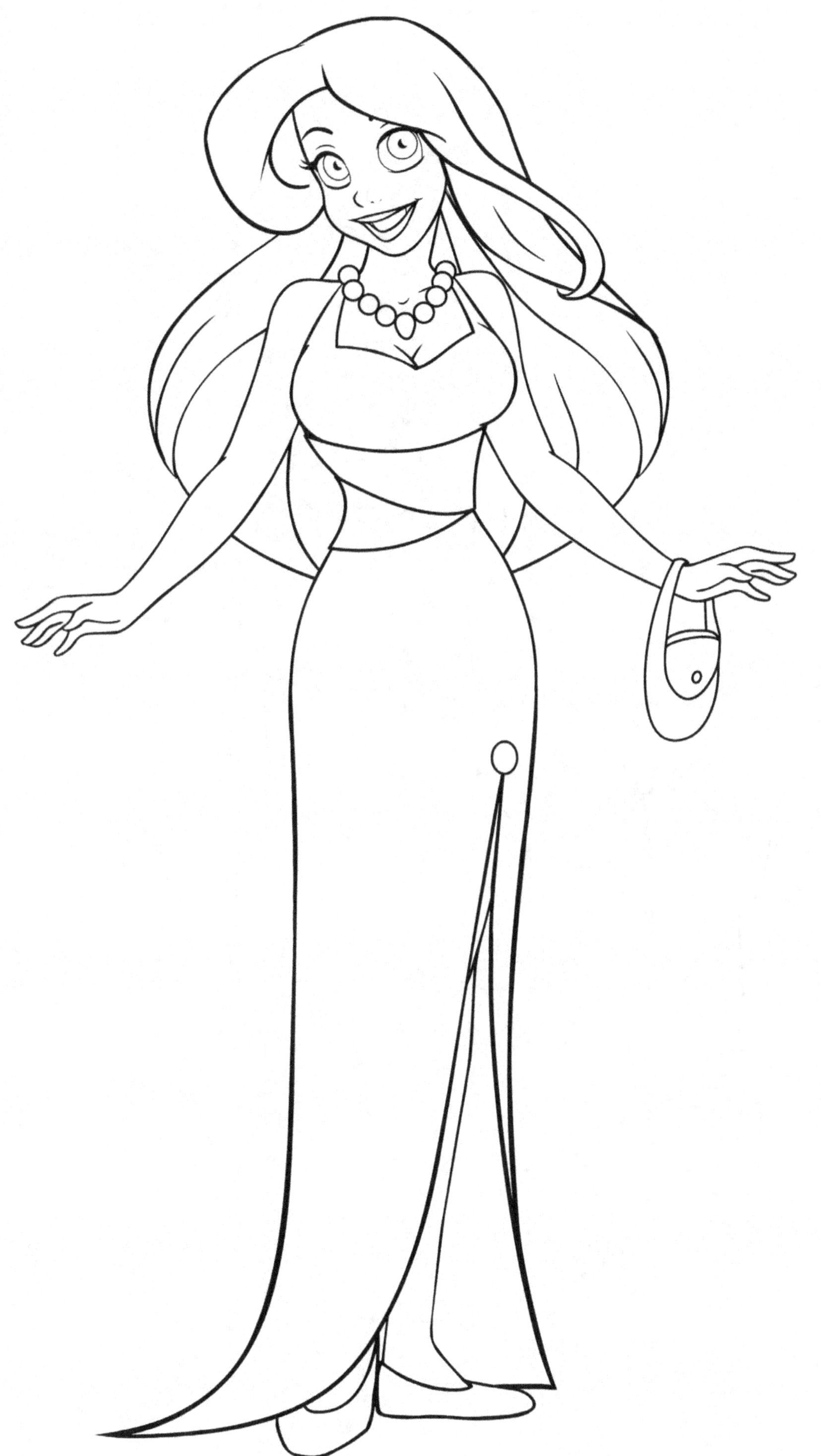

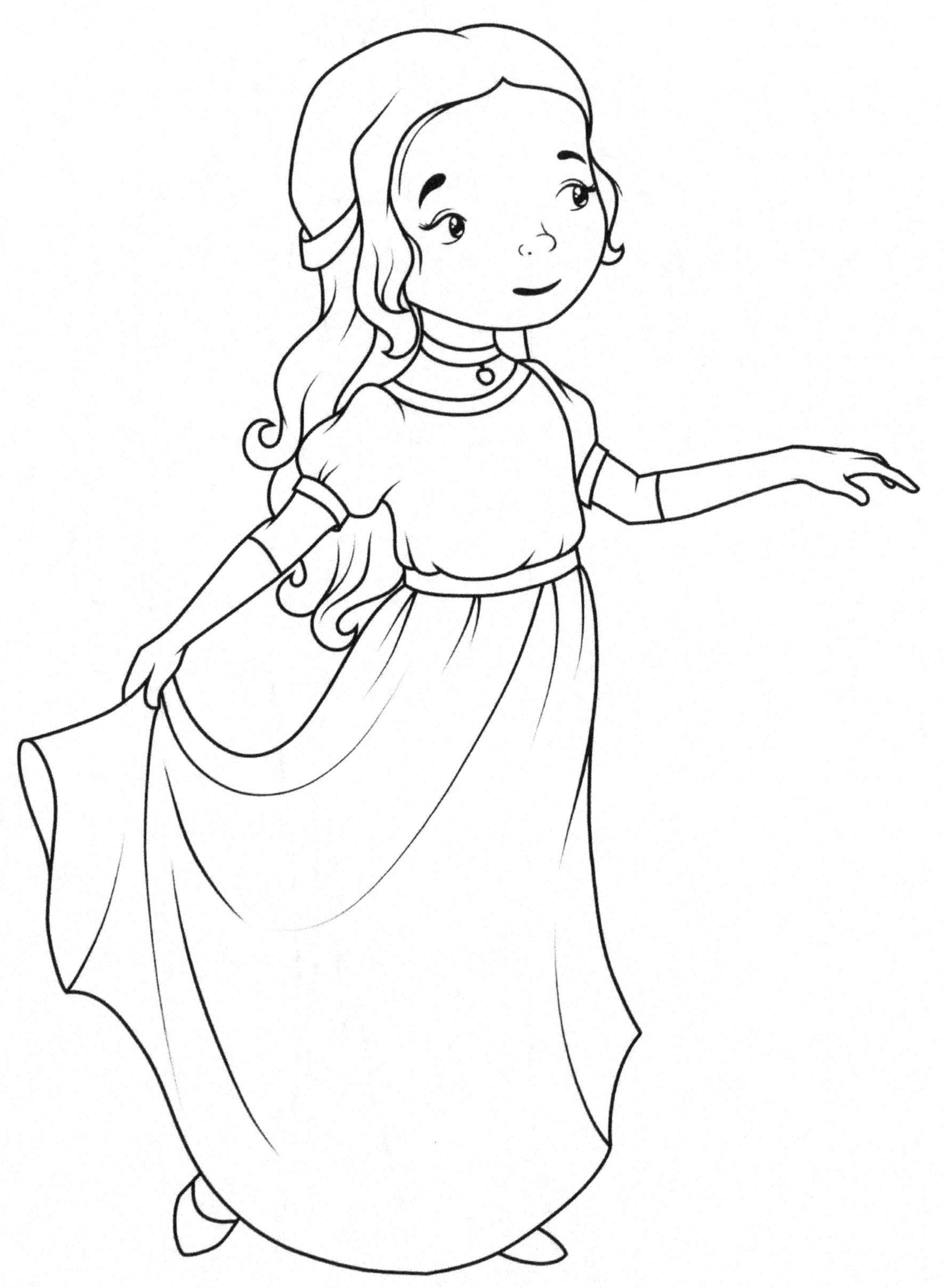

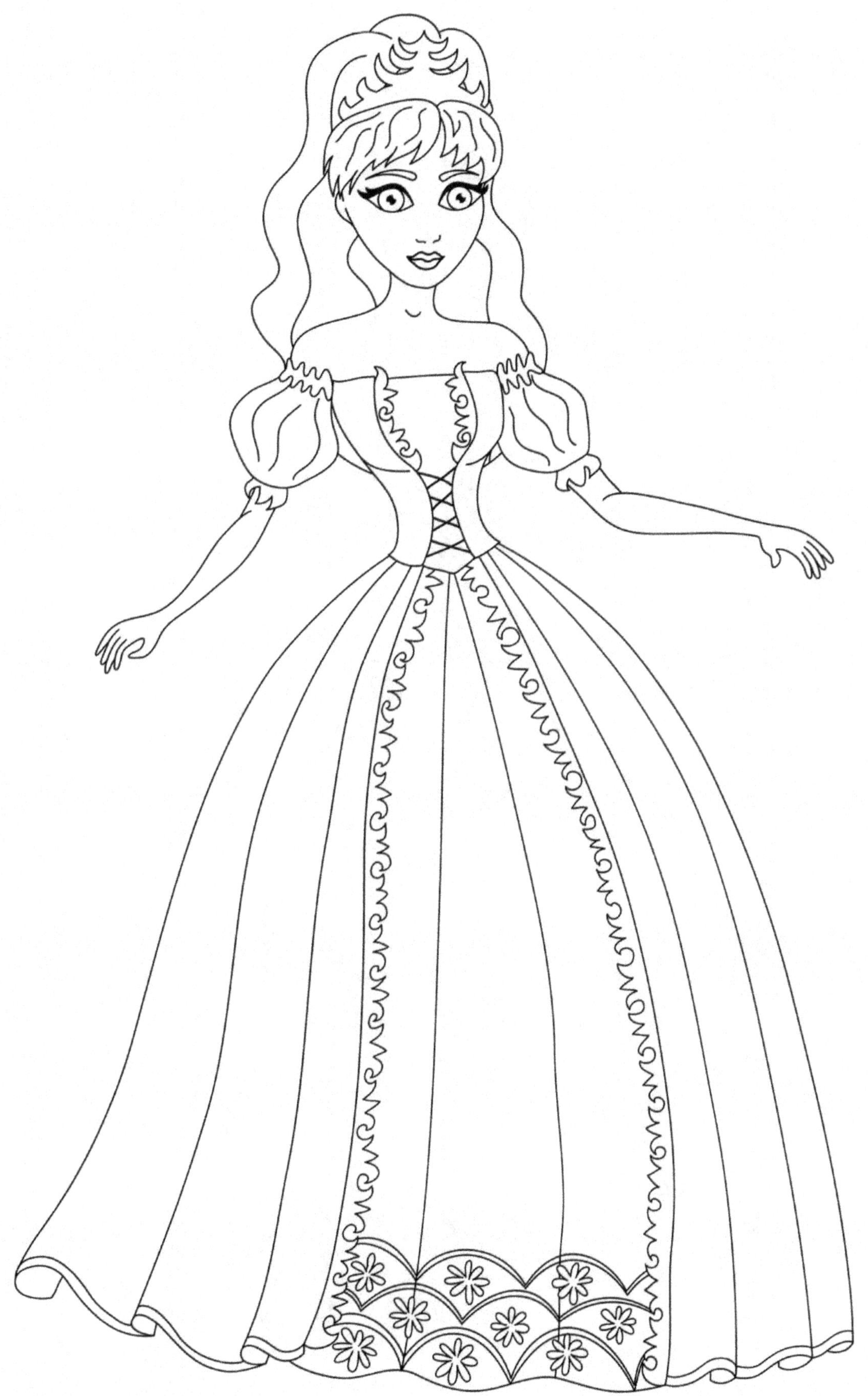

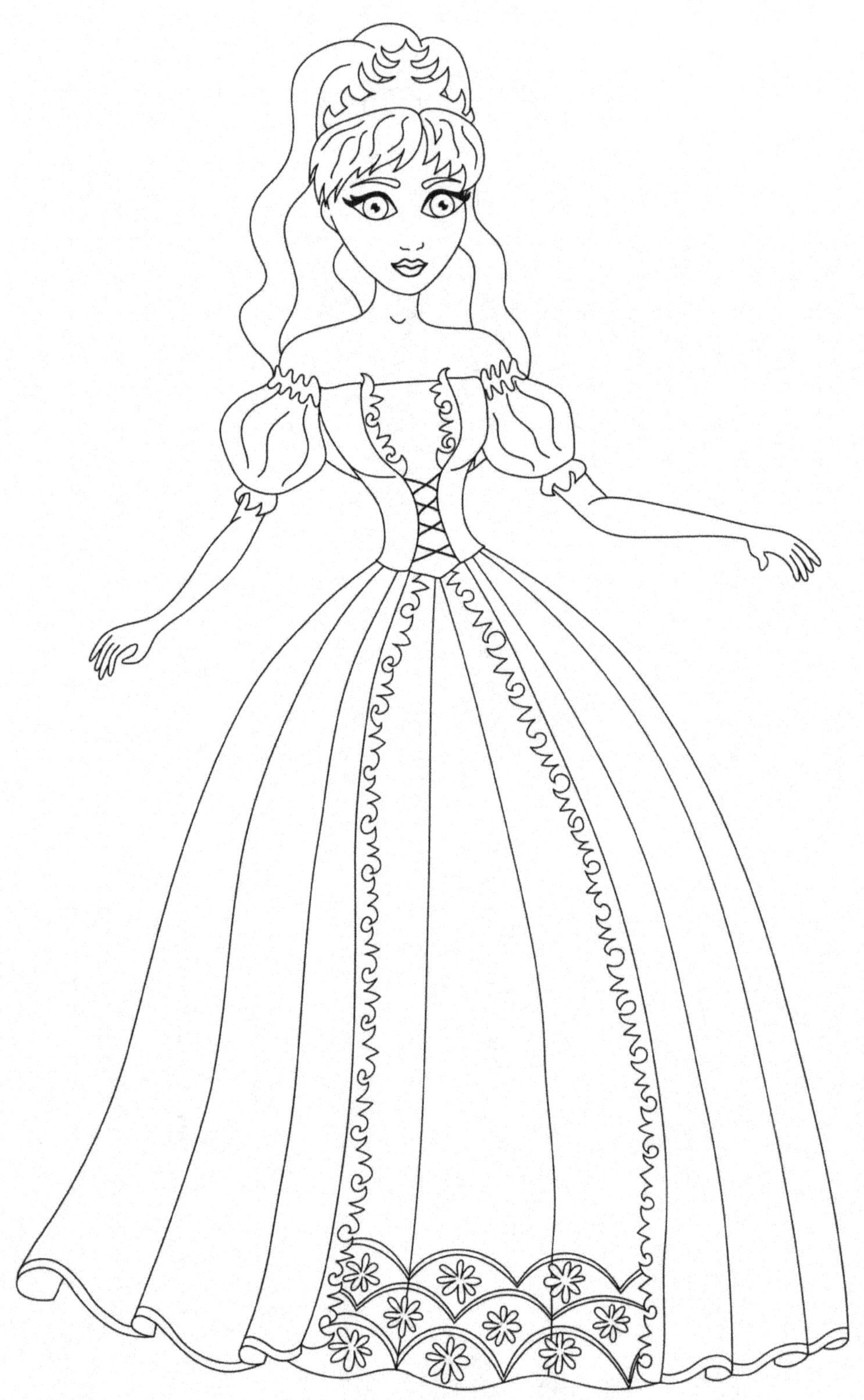

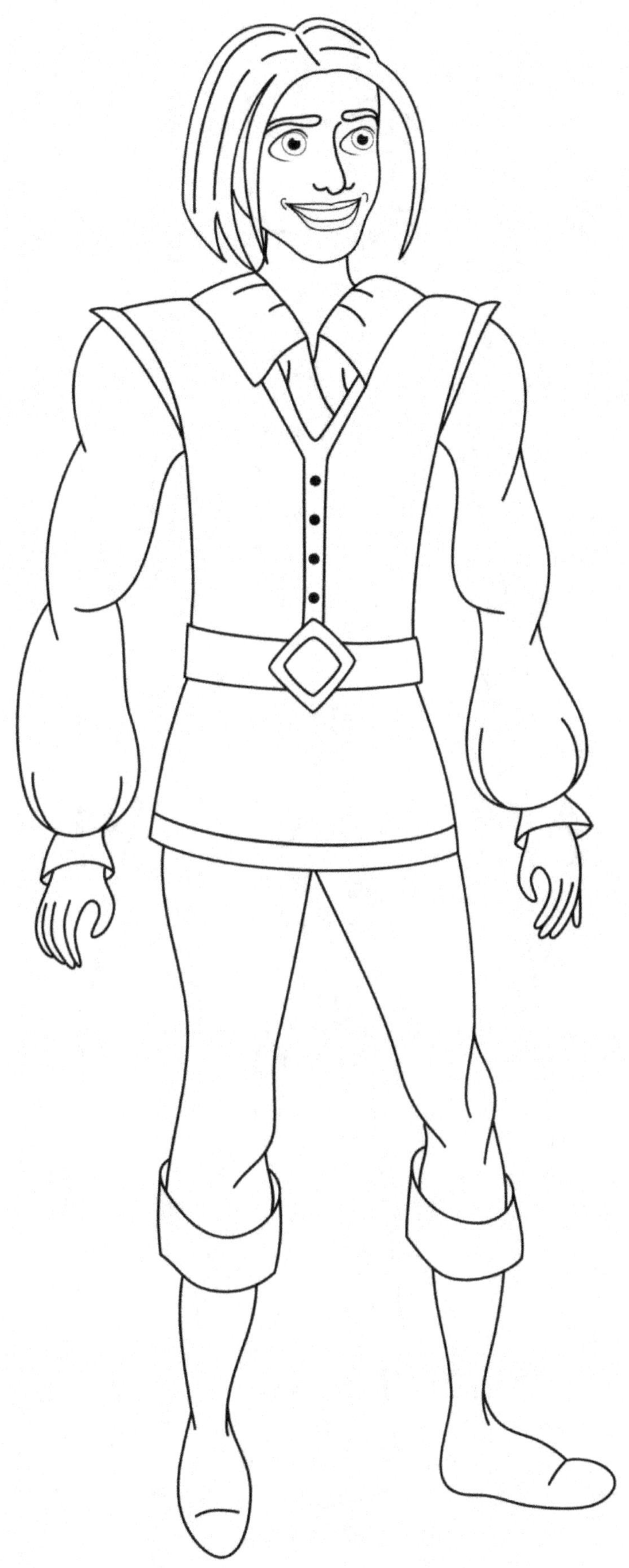

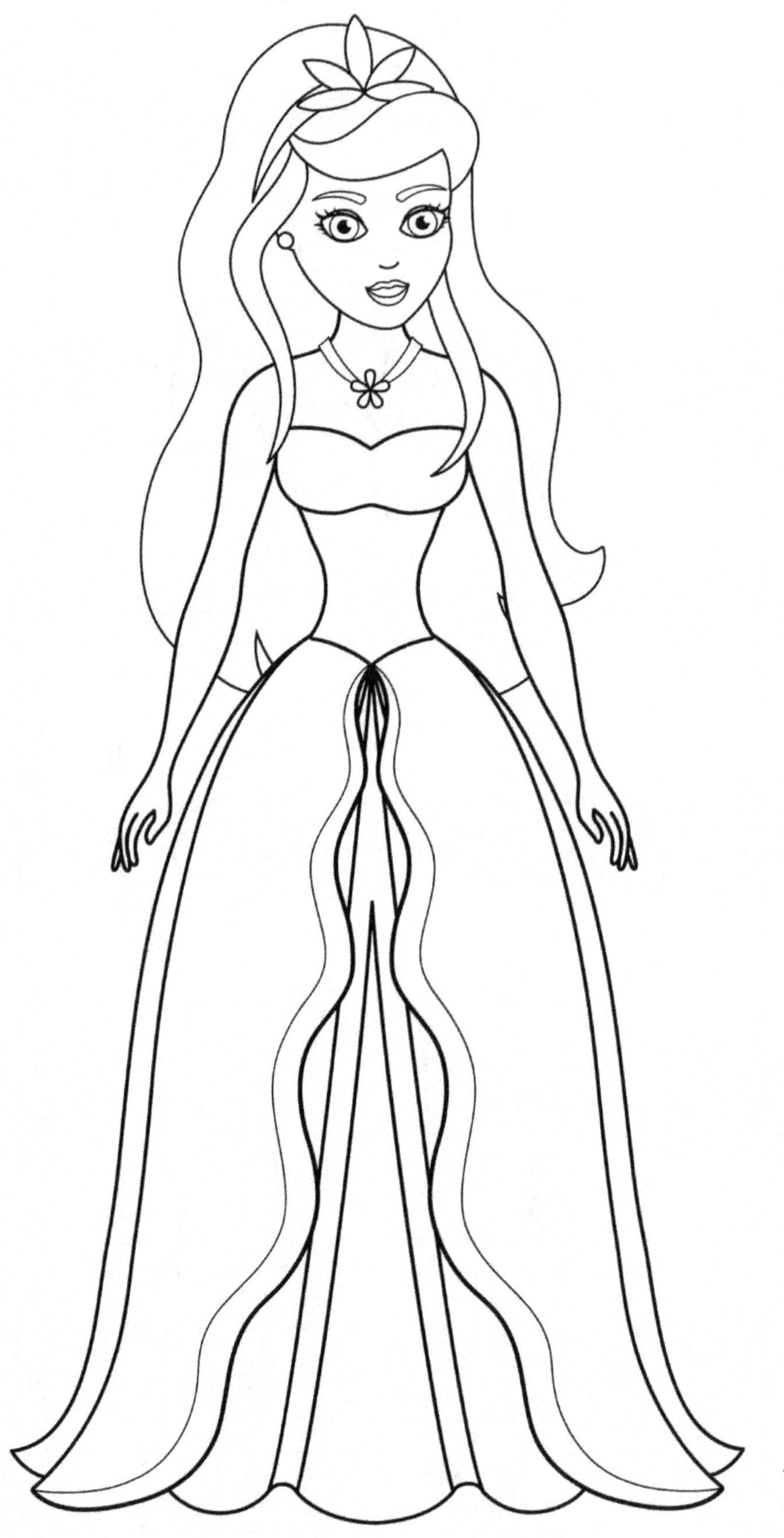

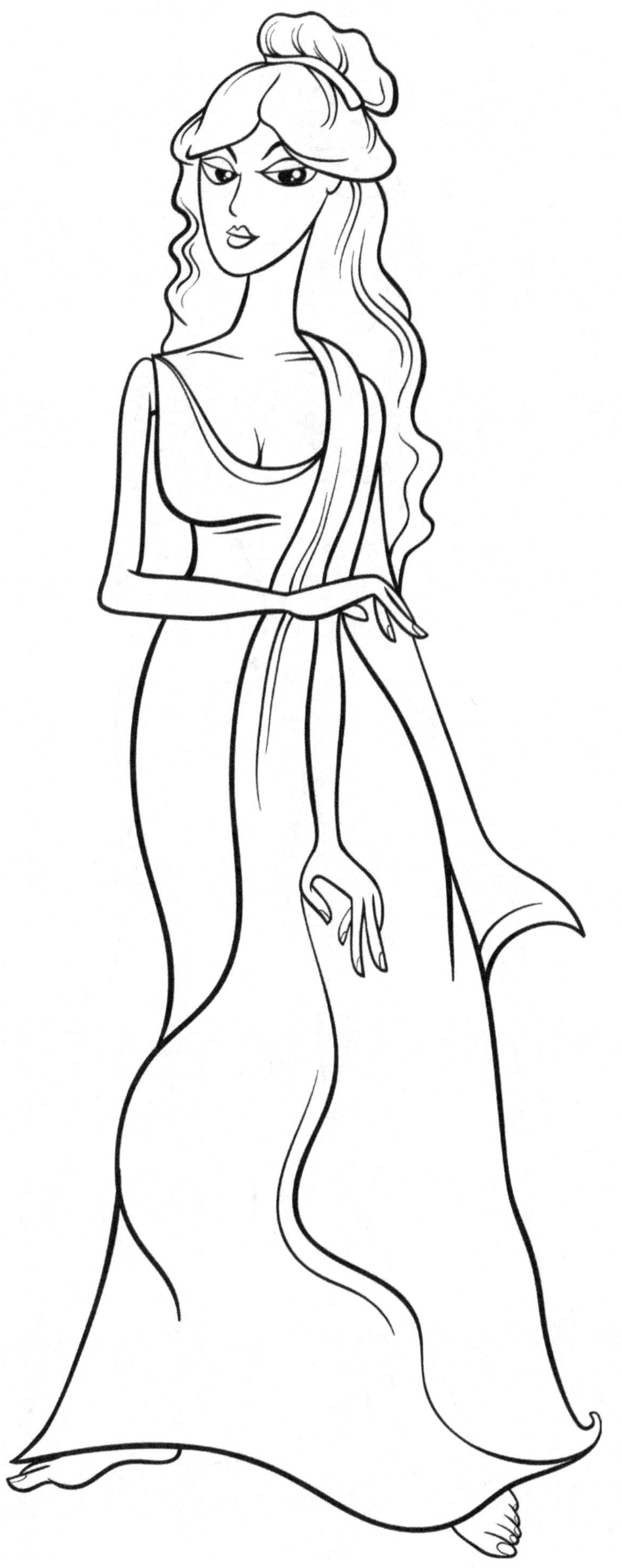

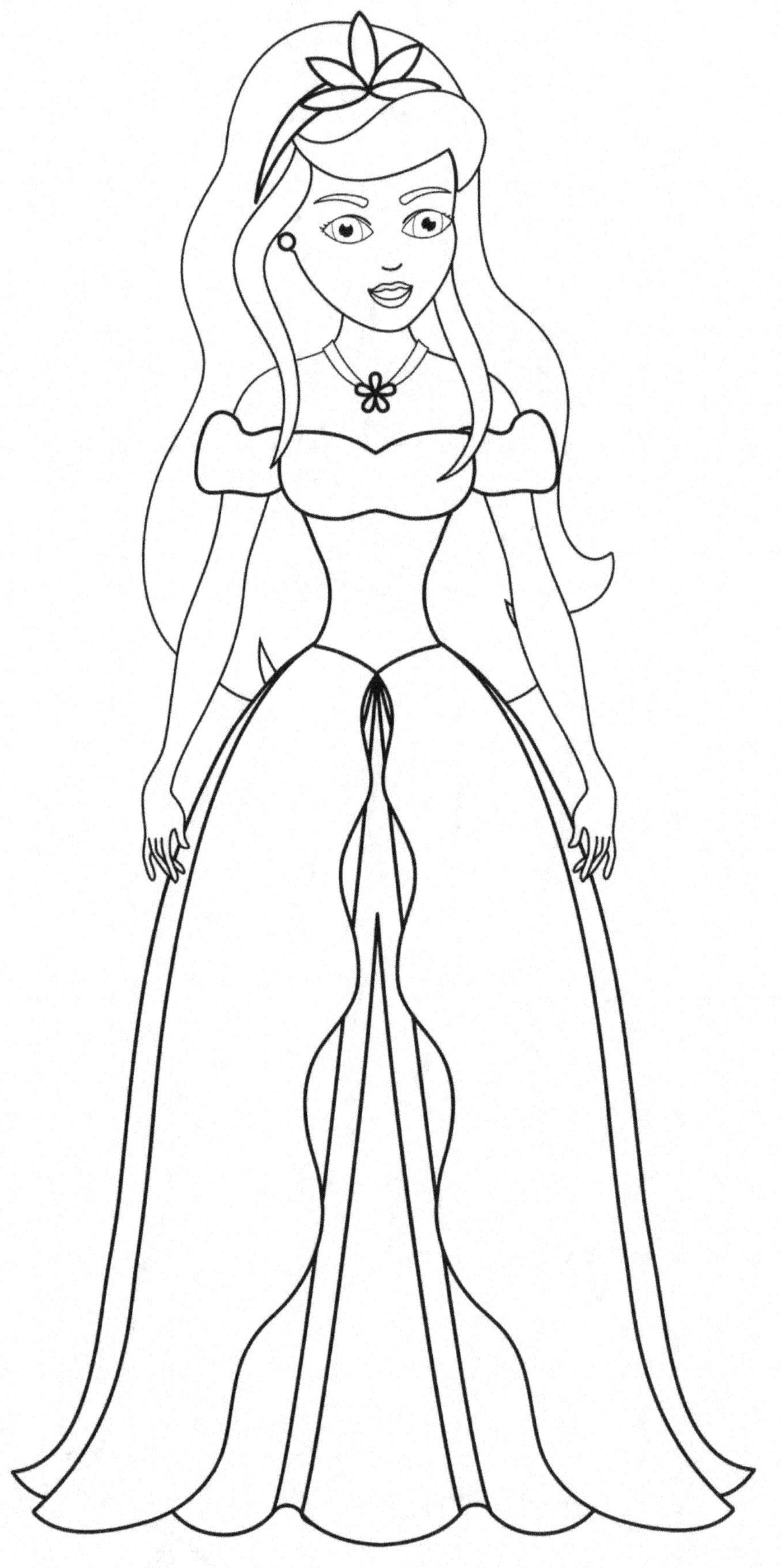

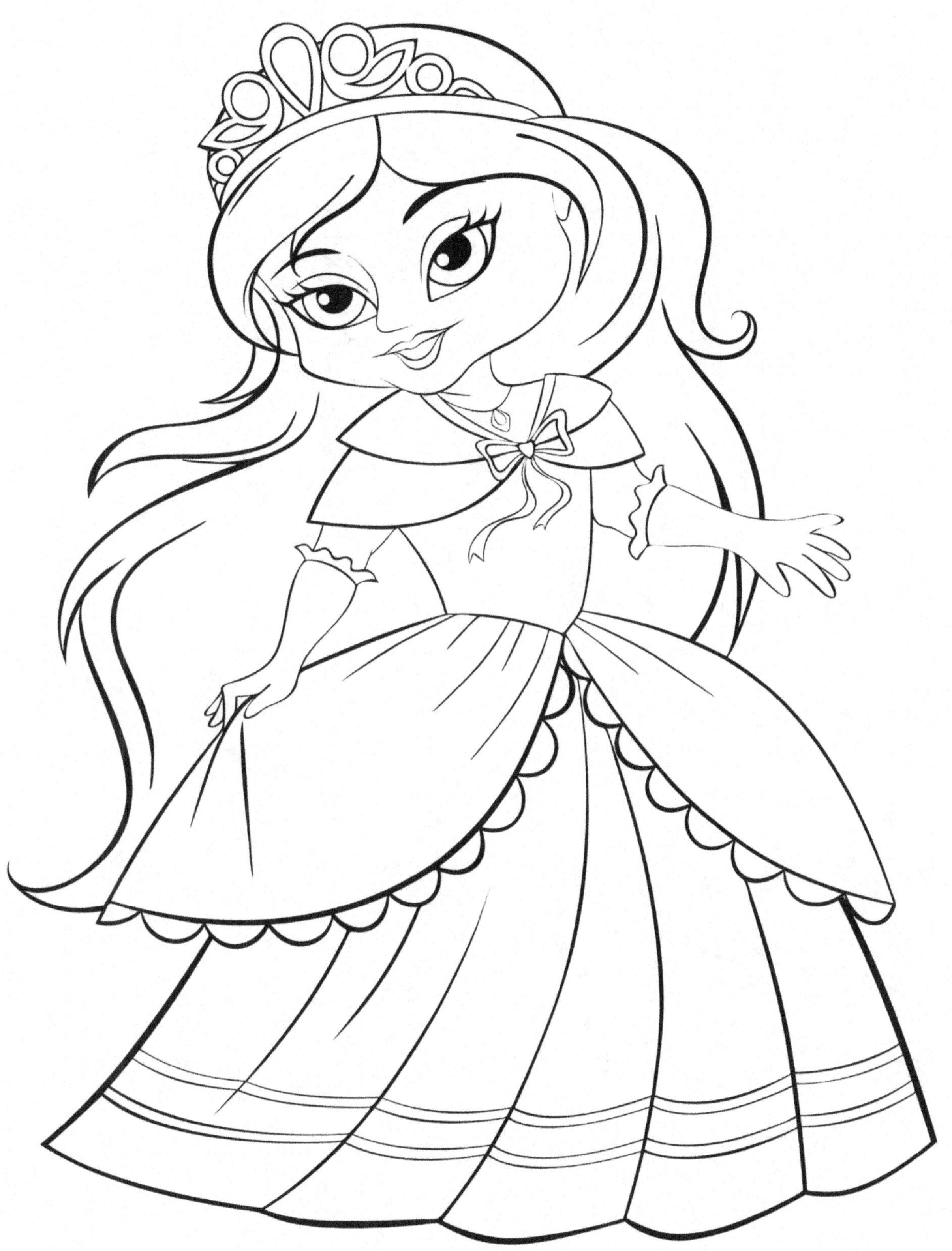

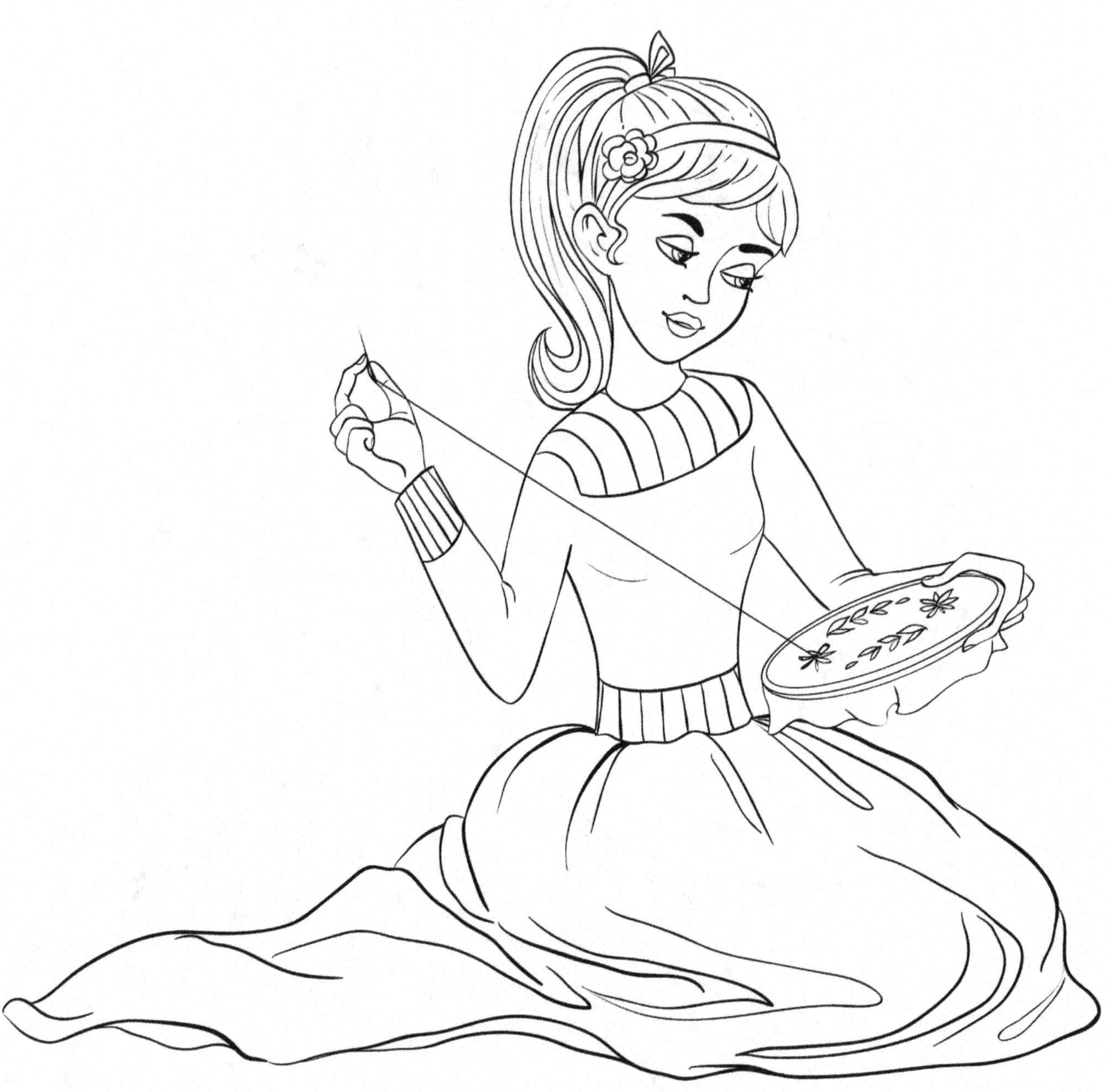

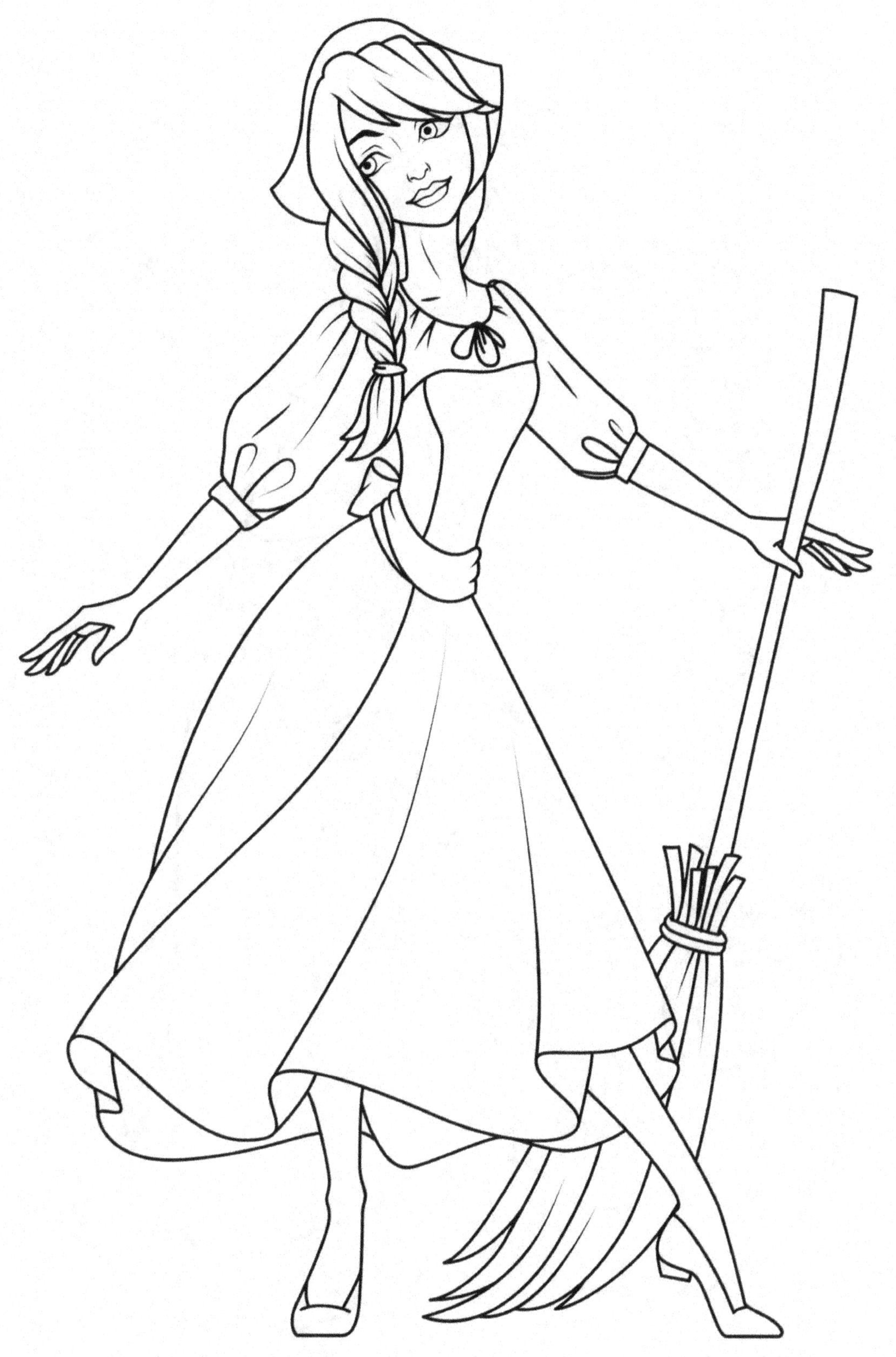

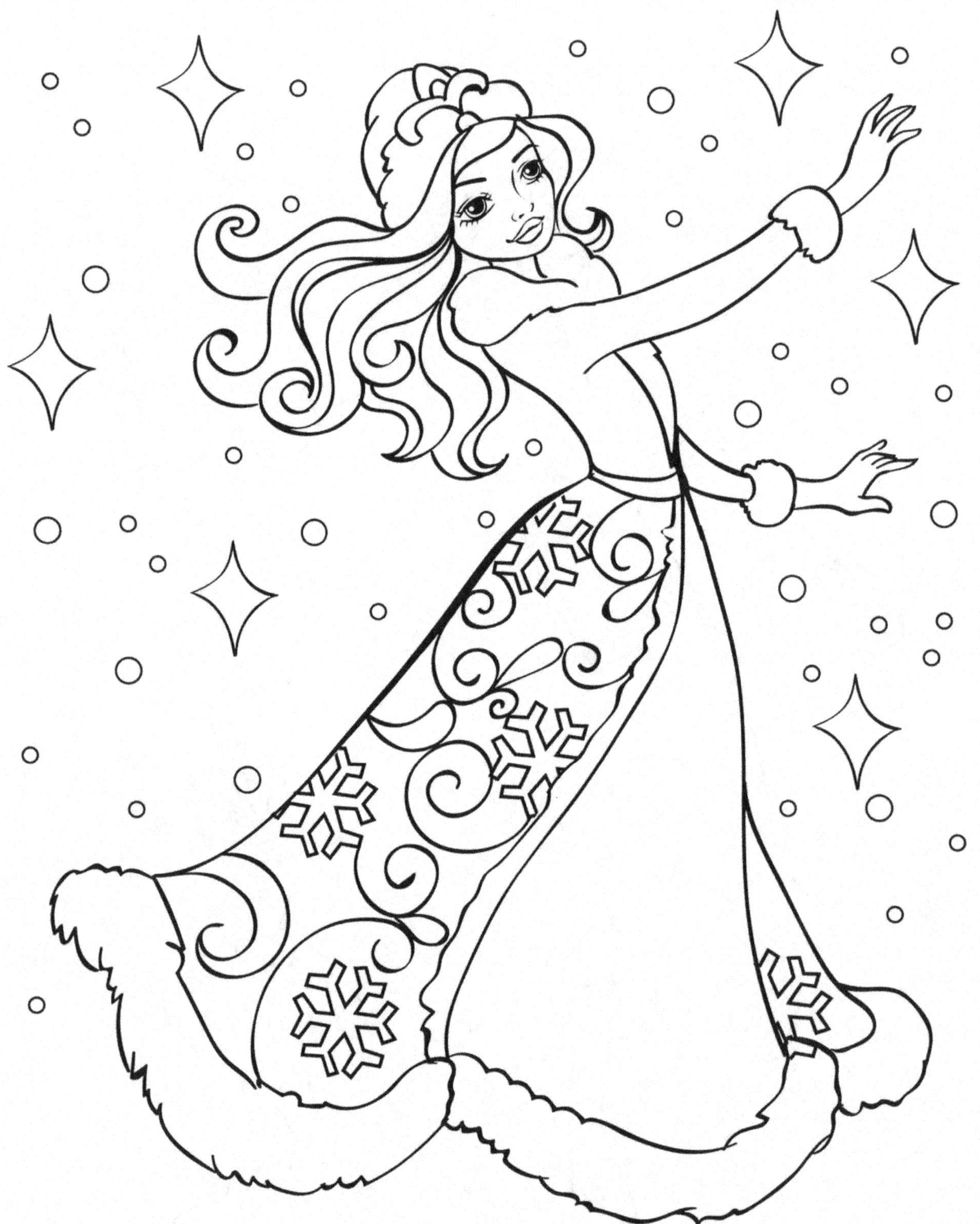

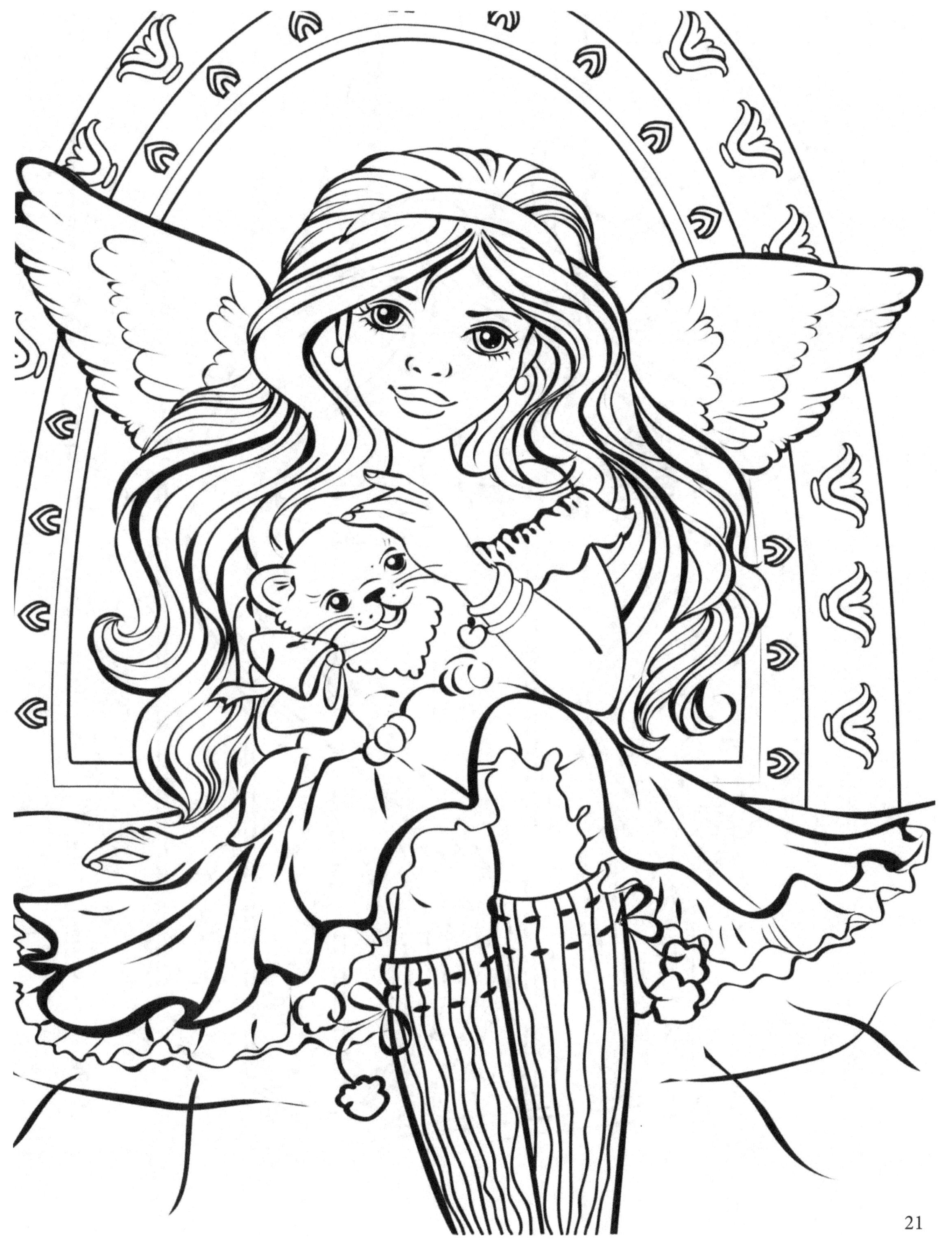

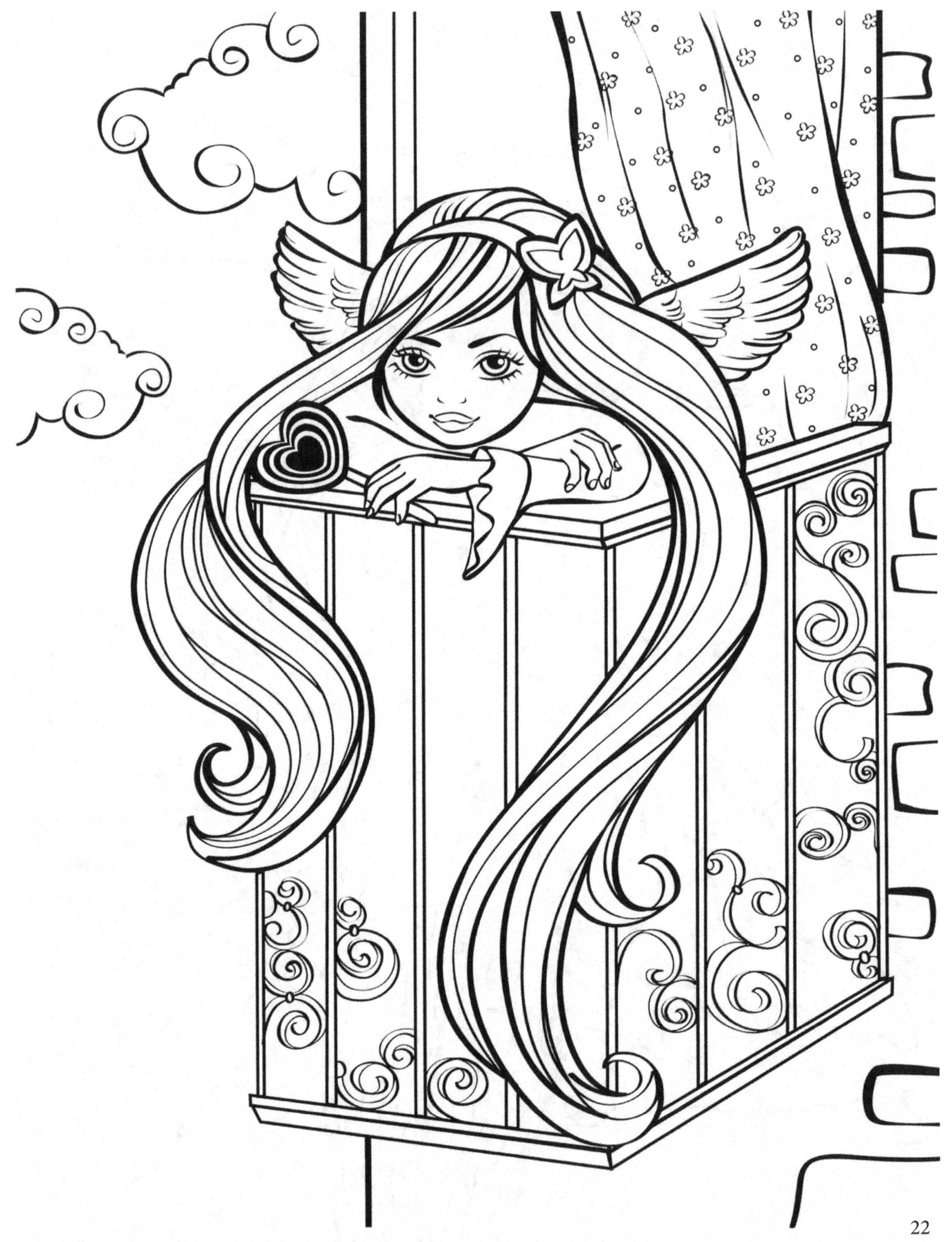

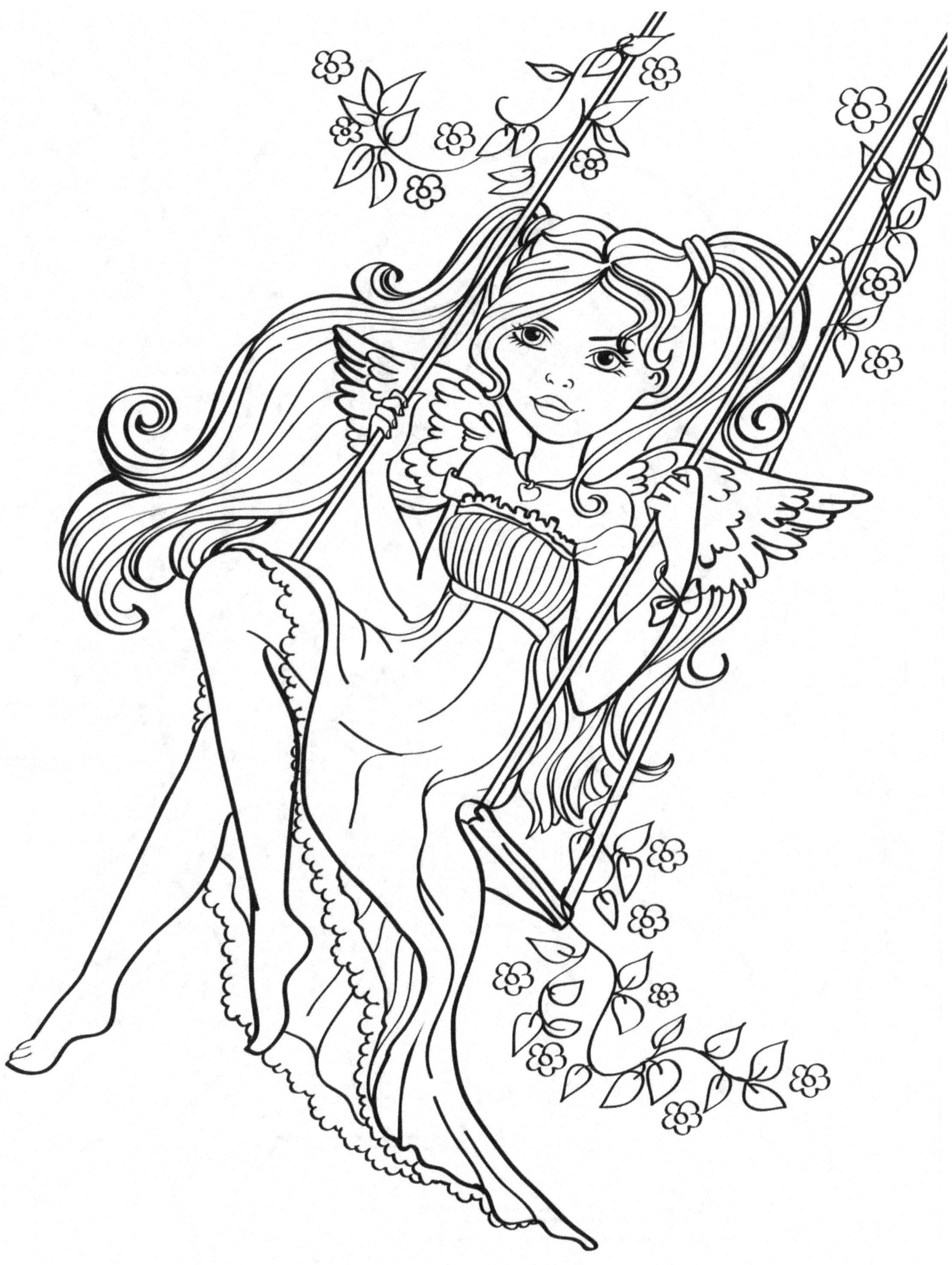

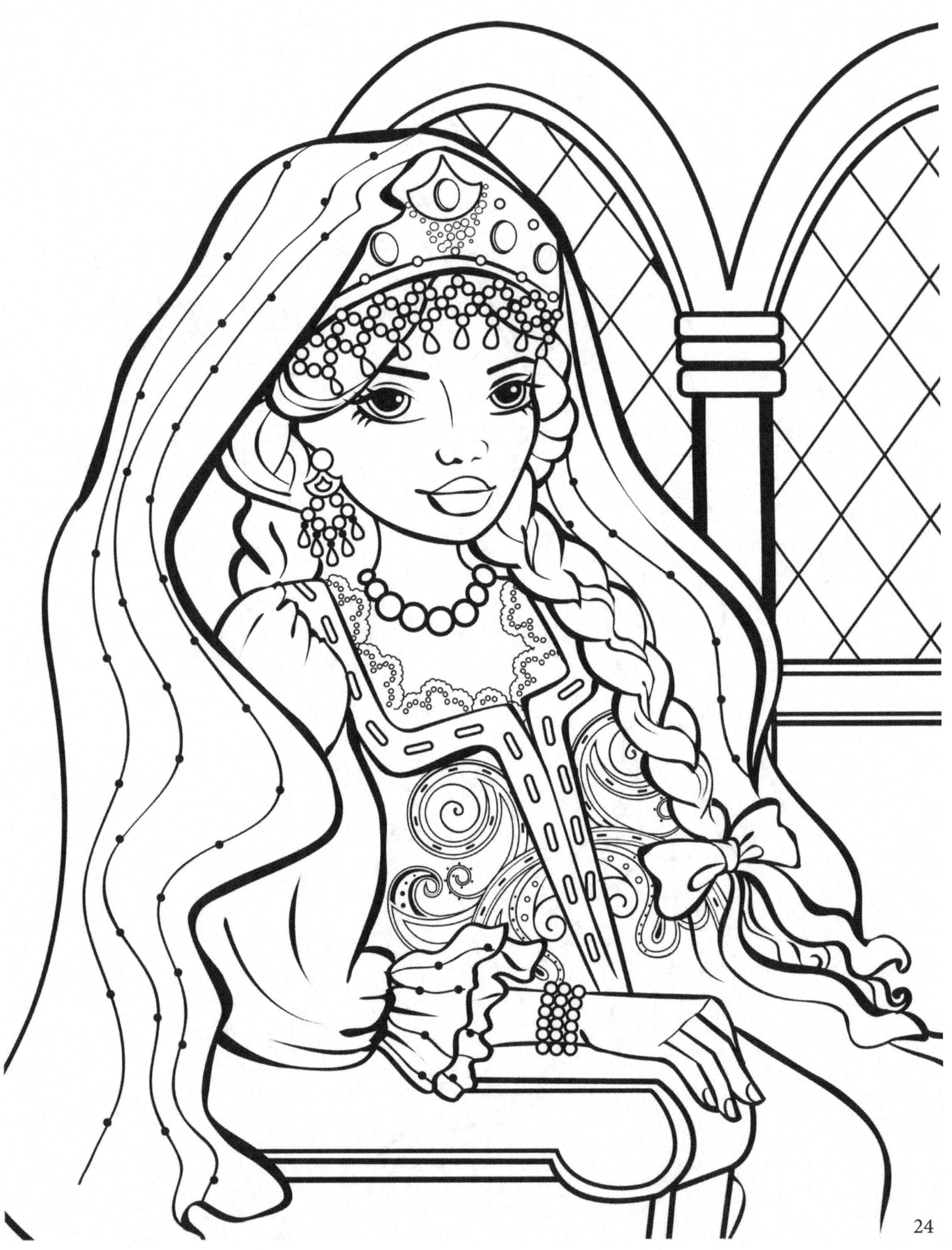

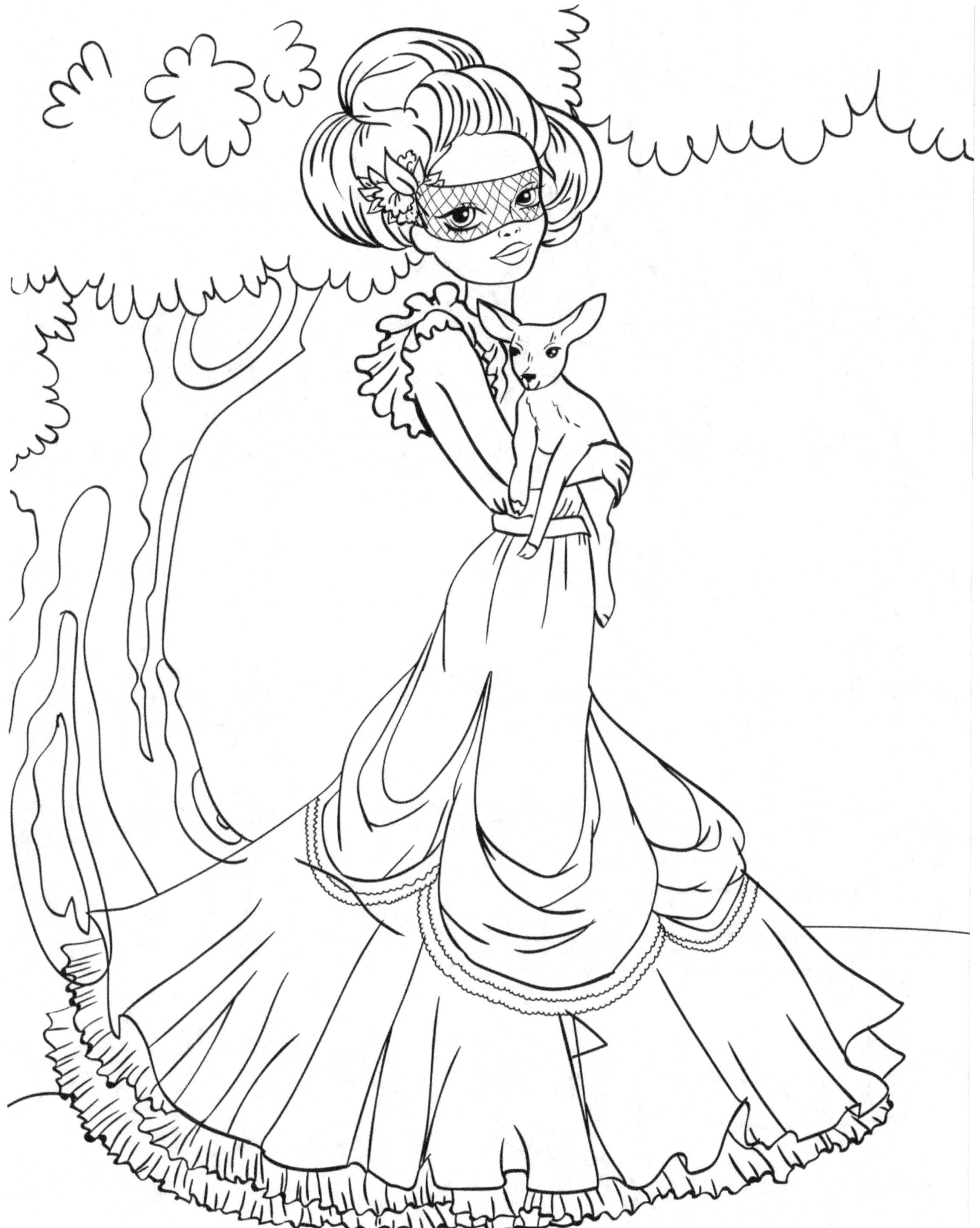

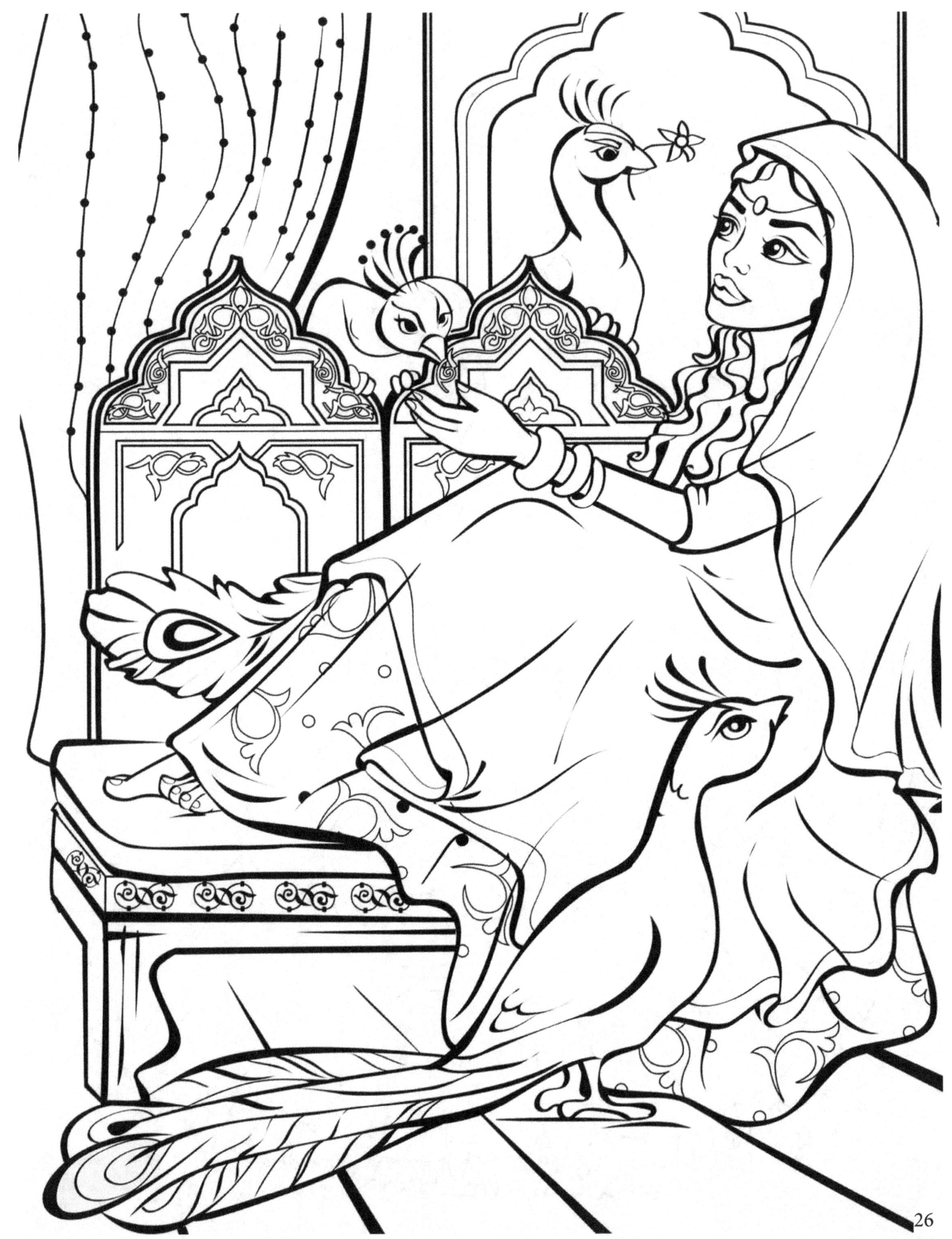

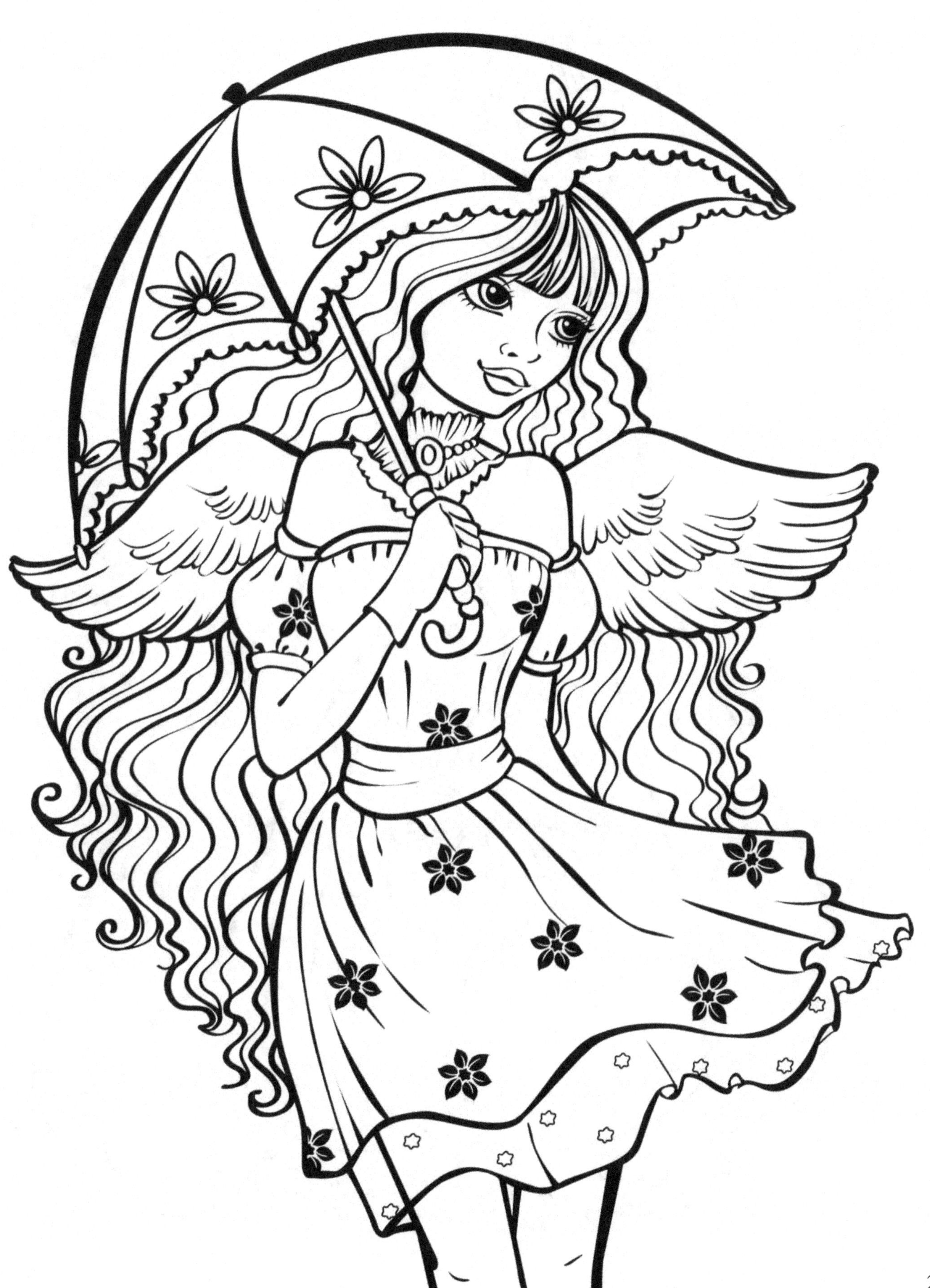

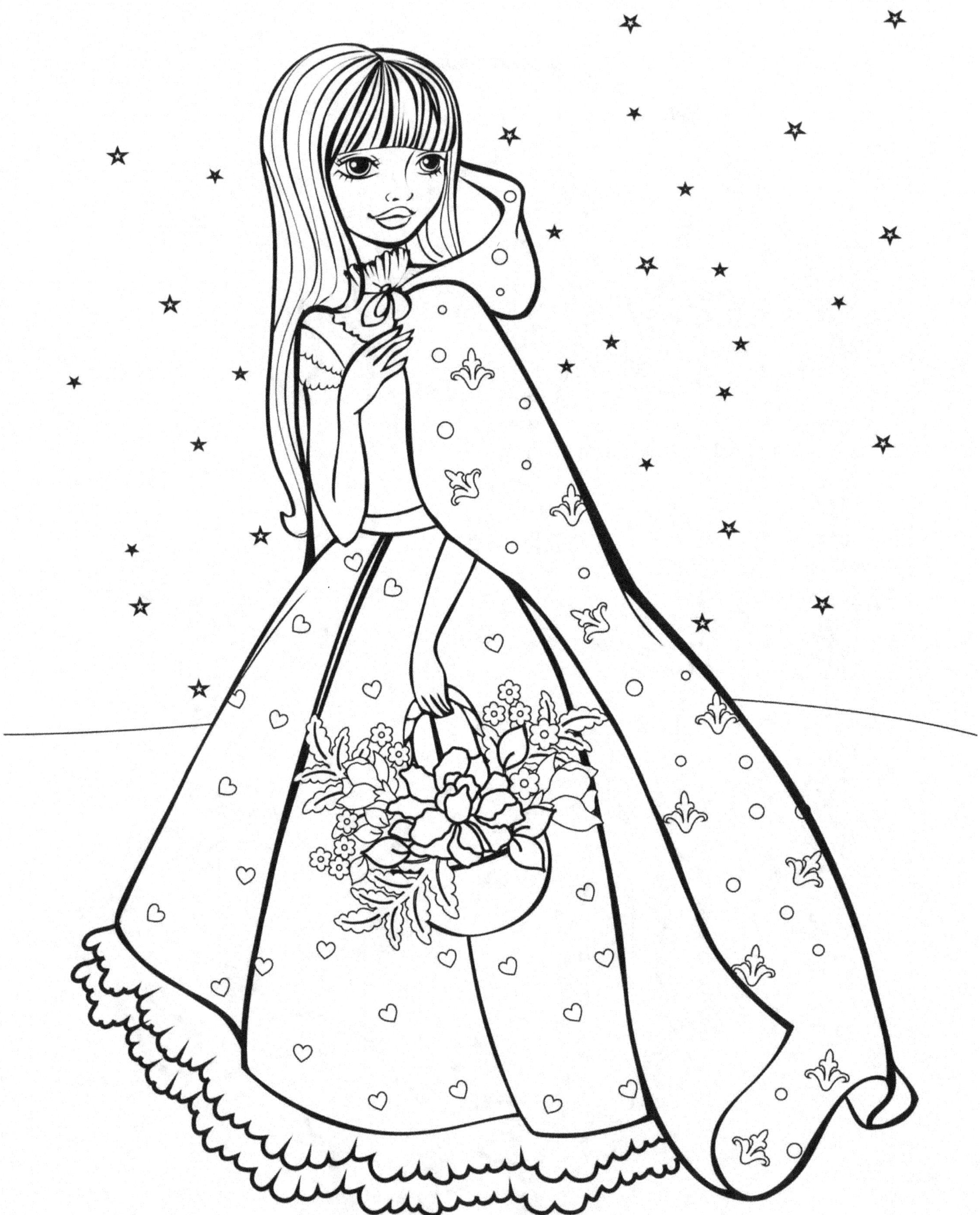

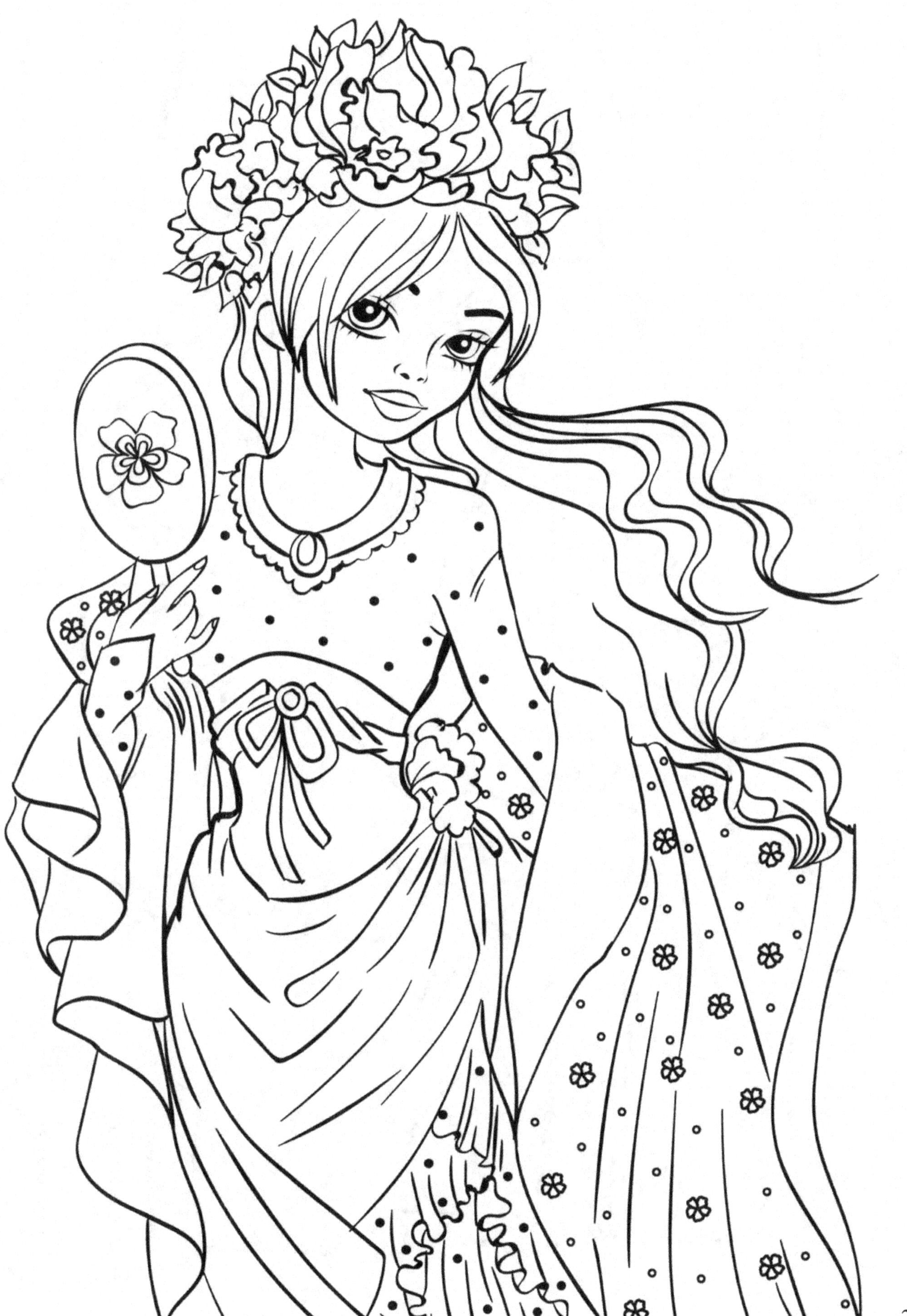

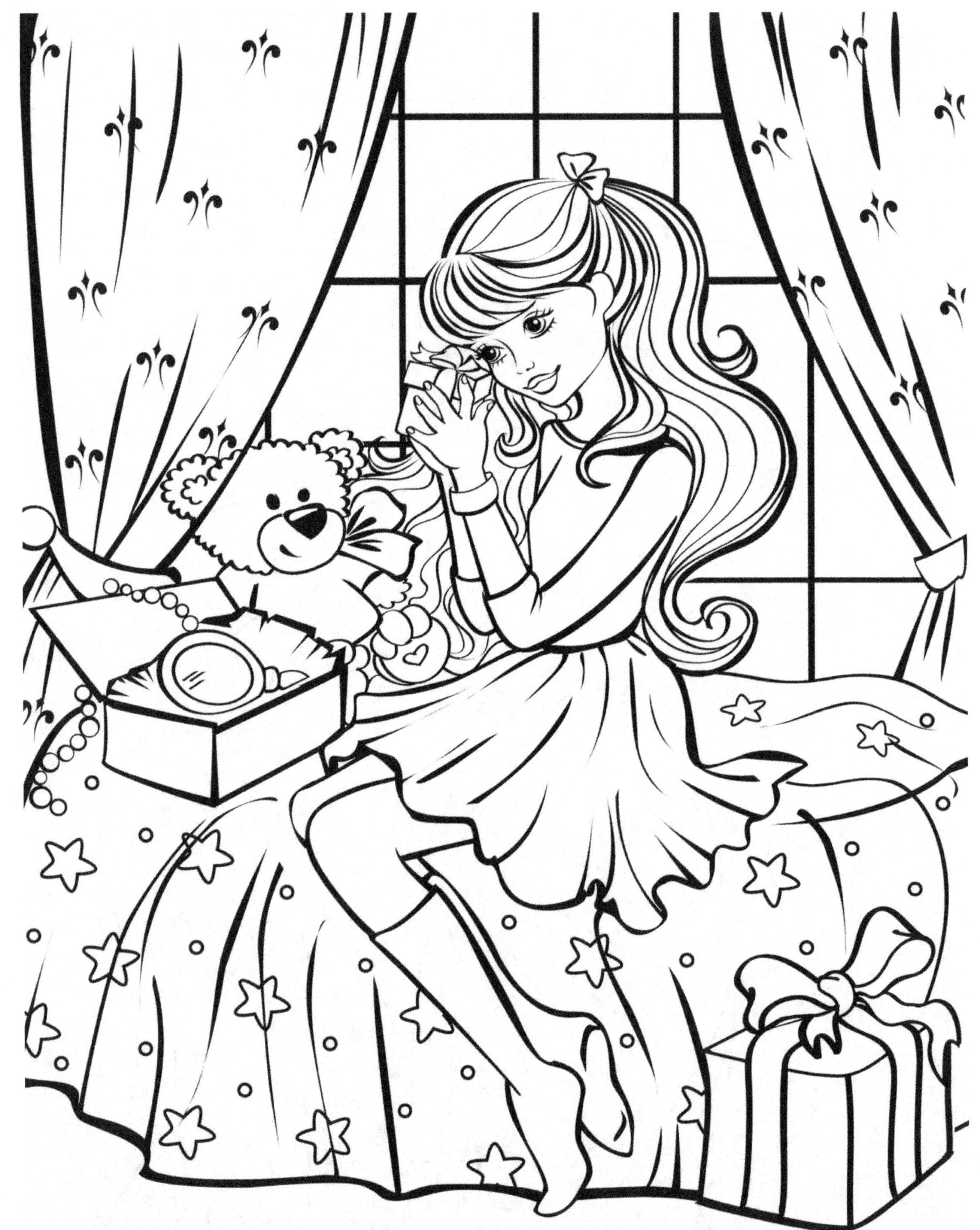

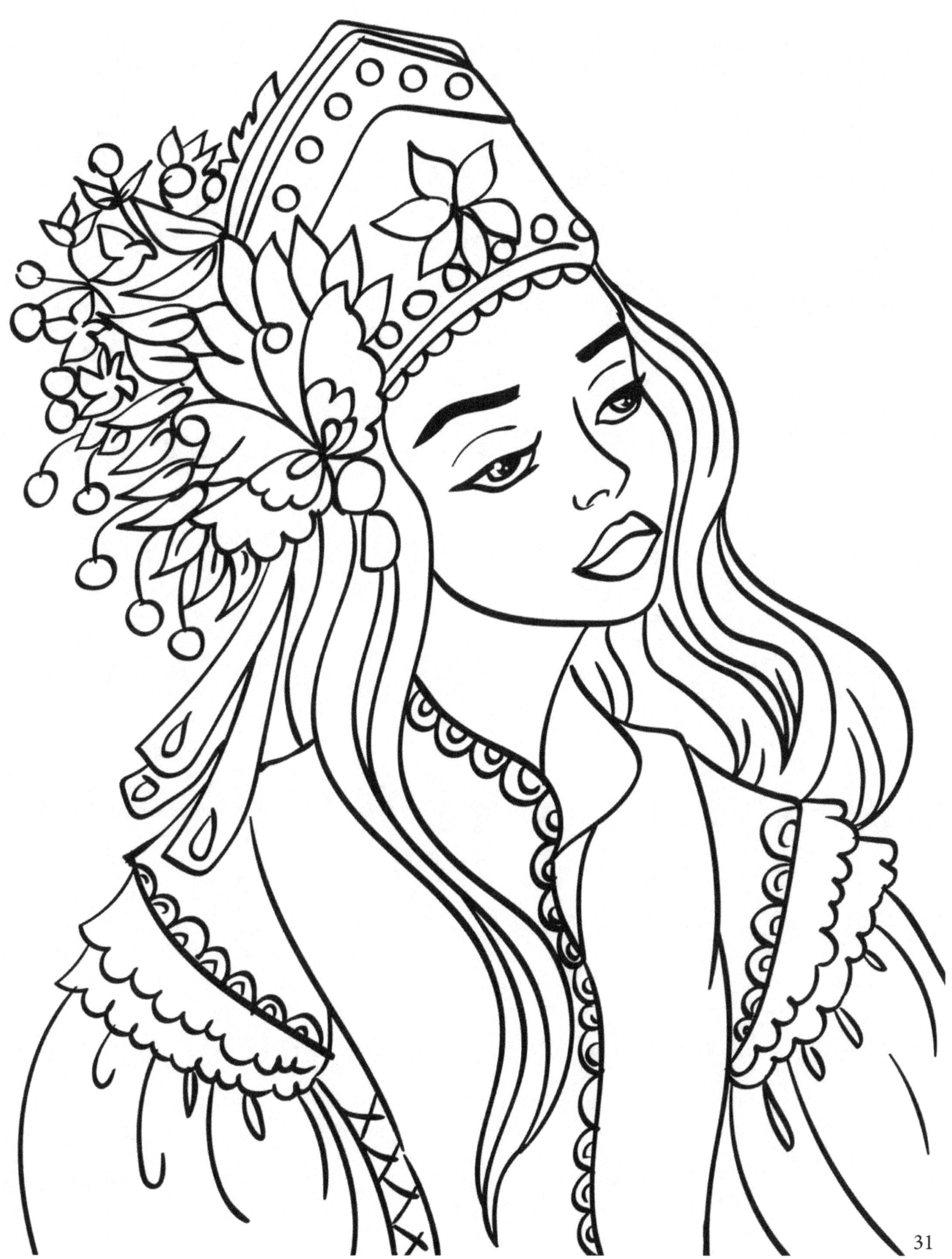